KB234126

젊은 세대를 위한 신학 강의 1

예수의 삶과 길

젊은 세대를 위한 신학 강의 1
예수의 삶과 길

2012년 1월 30일 초판 2쇄 발행

펴낸곳 (주)도서출판 **삼인**

지은이 이현주
펴낸이 신길순
부사장 홍승권
편집 김종진 오주훈
미술제작 강미혜
마케팅 이춘호 한광영
관리 심석택
총무 정상희

등록 1996.9.16. 제10-1338호
주소 121-837 서울시 마포구 서교동 339-4 가나빌딩 4층
　　　　(서울시 마포구 와우산로 27길 23)
전화 (02) 322-1845
팩스 (02) 322-1846
E-MAIL samin@saminbooks.com

표지디자인 (주)끄레어소시에이츠
표지그림 Julius Schnoor von Carolsfeld, 〈Jesus Appears to Thomas〉
제판 문형사
인쇄 대정인쇄
제책 성문제책

© 이현주, 2006

ISBN 89-91097-51-0　04230
ISBN 89-91097-54-5　(세트)
ISBN 978-89-91097-51-3
ISBN 978-89-91097-54-4　(세트)

값 9,000원

젊은 세대를 위한 신학 강의 1

예수의 삶과 길

이현주 지음

삼인

일러두기

1. 이 책은 1991년에서 1993년까지 3년에 걸쳐 펴낸 『젊은 세대를 위한 신학 강의』 1, 2, 3권을 개정하여 출판한 것입니다.
2. 본문에 인용된 성경은 개역개정판(2003년 3월 20일 판)입니다.

개정판을 펴내며

그동안 절판되었던 『젊은 세대를 위한 신학 강의』를 손질하여 펴냅니다.

15년 만에 다시 읽어보니 생각의 큰 얼개는 그때나 지금이나 별로 다를 게 없습니다만, 자세한 표현에서는 지나치고 모자란 구석이 꽤 있어서 많이 미안하고 부끄러웠습니다. 하여, 고친다고 고쳐보았는데 여러분이 읽으시기에는 어떨는지 모르겠군요.

하나님이 사람들에게 많은 선물을 주셨지만, 생각할 수 있는 머리야말로 으뜸으로 좋은 선물이라 하겠습니다. 사람이 자기 머리로 생각할 수 있다는 것만큼 귀하고 소중한 보물이 있을까요?

이 책은, 물론 제 생각을 펼쳐놓은 것입니다만, 여러분에게 그것을 강요하거나 꼭 이렇게 생각해야 한다고 주장하는 것은 결코 아닙니다. 오히려 여러분 스스로 질문하고 대답하면서 생각해볼 수 있도록 도움이 된다면 저로서는 더 바랄 것이 없겠습니다.

제일 먼저 쓴 『예수의 삶과 길』은 그리스도교의 알파요 오메가이신 예수 그리스도의 삶과 가르침을 정리해보았습니다.

예수 그리스도, 그분을 제대로 알고 그 가르침을 몸으로 실천하는 것이야말로 그리스도인의 모든 것이라 하겠습니다.

그 다음에 쓴 『그리스도의 몸, 교회』는 '교회론'이 되겠습니다. "교회는 그리스도의 몸"이라고 한 바울의 말에 기대어, 오늘 참된 교회로 존재하는 길이 어디에 있는지를 찾아보았습니다.

『탈출의 하나님』에서는 해방(탈출)을 신·구약성경의 주제로 보는 관점에서 모세와 히브리족의 출애굽 이야기를 다루어 보았습니다. '출애굽 이야기'는 옛날 팔레스타인에서 일어난 역사적 사실이면서, 오늘 우리에게서도 실현되어야 하는 현실적 과제입니다.

아무쪼록, 허물 많은 책이지만, 잘못된 물질지상주의를 극복하고 사람이 사람답게 살아가는 새로운 문명을 건설해야 할 오늘 이 땅의 젊은이들에게 조금이나마 도움이 되기를 바랍니다.

하나님과 예수님과 성령님의 은총으로 여러분의 삶이 건강하고 행복해지기를 빌면서…….

2006년 9월 이현주

차례

— 예수의 삶과 길

기독교와 다른 종교

기독교가 '종교의 하나'라는 얘기는, 얼마 전까지만 해도
기독교 안에서 쉽게 할 수가 없었어. 왜냐하면 기독교인
들은 종교란 기독교밖에 없다고 생각했거든……

"기독교라고 하는 것이 무엇이냐?" 하고 물을 때 뭐라고 대답할 수 있을까? "기독교도 종교의 하나다." 이렇게 말할 수 있겠지.

기독교가 '종교의 하나'라는 애기는, 얼마 전까지만 해도 기독교 안에서 쉽게 할 수가 없었어. 왜냐하면 기독교인들은 종교란 기독교밖에 없다고 생각했거든. 기독교 외에는 종교가 있을 수 없다, 불교니 유교니 이슬람교니 하는 것은 종교가 아니다, 이렇게 생각했어. 그러면 다른 종교를 믿는 사람들이 기독교에 대해서 어떻게 생각했겠니? 좋지 않게 생각하지 않았겠어? 돌려놓고 보면 알 수 있지. 어떤 중이 와서 우리에게, 너희 기독교는 종교가 아니니까 불교를 믿어라, 이렇게 말한다면 기분 좋겠어? 나쁘겠지? 그럼 어떻게 될까? 다투겠지? 너희가 옳다, 우리가 옳다, 이렇게 다투는 거야. 그런데 이렇게 다투다 보면, 옛날에는 말로만 다툰 게 아

니라 칼로 찔러 죽이기도 했어. 이게 너희가 학교에서 배우는 종교전쟁이
라는 거야.

그런데 가만히 생각해보렴. 이 세상에 하나님이 한 분이냐, 두 분이냐?
한 분이지? 그럼, 그 한 분 하나님이 이 세상 사람들을 만드신 분이라면,
하나님은 세상 사람들이 서로 싸우고 죽이고 하기를 바라겠니? 아니면
서로 화평하게 도우면서 살기를 바라겠니? 당연히 이 세상에 사는 모든
사람이 서로 사랑하고 안 싸우고, 그렇게 살기를 바라시지 않겠어?

그런데 사람들이 종교가 다르다는 이유로 서로 싸운단 말이야. 게다가
왜 싸우나 하고 보니까 다름 아닌 '하나님' 때문에 싸우거든. 하나님이 얼
마나 답답하시겠니?

그런데 사람들이 세월과 함께 차츰 어른스러워지다보니까, 이런 싸움
을 잘못된 것이라고 생각하게 된 거야. 그래서 기독교 신학자들이, 이상
하다, 왜 우리가 하나님을 믿는다고 하면서 이렇게 다른 종교하고 싸워야
만 하나? 하나님이 한 분이시라면 그분이 기독교도 있게 하고 불교도 있
게 하셨을 텐데 서로 싸우라고 두 종교를 있게 하신 것은 아니잖은가? 이
렇게 생각하다가, "기독교가 '유일한 종교'라는 주장은 잘못됐다, 기독교
는 세계의 여러 종교들 가운데 하나다"라고 말하게 된 거야. 알겠니?

__불교도 하나님이 있게 하신 거예요?

그랬어야지. 하나님은 한 분밖에 없는데, 누가 불교를 있도록 했겠어?

__불교는 부처님이 만들었잖아요?

그 부처님은 누가 있게 했지?

__믿는 게 다르잖아요?

그래, 방법이 다른 거야. 너희 삼형제는 모두 누구 뱃속에서 나왔니? 한 배에서 나왔지? 그런데, 다 같아? 아니지? 다르지? 이름도 다르고, 성격도 다르고, 다 다르지 않니? 그래, 그렇게 다르지만 모두 한 배에서 나왔단 말이야. 이해가 되니? 같은 일을 해도 기림이가 하는 방법과 슬기가 하는 법이 다르지? 방법이 다른 거야. 그런데 그것도 깊이 들어가 보면 다 같아. 그래서 그런 것을 깨우친 사람들이 기독교 안에 생겨나서, 그것도 1950년대 이후에 와서 비로소, 기독교도 '종교의 하나' 라고 말하게 된 거야. 아버지가 태어날 때만 해도 이런 말을 기독교 안에서 마음 놓고 할 수가 없었단다.

어린아이들이 어렸을 때는 저만 알지? 너희도 그랬어. 저밖에 없는 줄 알아. 모든 걸 자기 위주로 하지. 그러나 차츰 자라면서, '아! 남도 있구나' 하고 생각하게 되는 거야. 그리고 나 좋을 대로만 하면 안 되는구나, 자기 좋을 대로만 해가지고는 세상을 행복하게 살 수 없구나, 이렇게 나 아닌 상대방을 깨닫게 되는 것이 바로 어른스러워지는 거거든? 결국, 기독교가 유일한 종교가 아니라 기독교도 종교의 하나다, 이렇게 말하게 된 것은 그만큼 기독교가 어른스러워졌다, 다시 말하면, 성숙했다는 표시란 말이야.

가장 높은 가르침

자, 그렇다면 '종교'란 무엇일까? 사실 이 질문은 쉽게 대답할 수 없는 질문이야. 그렇지만 일부러 쉽게 생각해본다면, 인간이란 스스로 살아갈 수 있는 존재이면서 반드시 누군가에게 살아가는 방법을 배우게 돼 있어. 배우지 않고 살아갈 수가 없게 돼 있다고. 너희가 지금 아버지하고 이렇게 말을 하지만 이 말도 누구한테 배웠단 말이지. 배웠기 때문에 말을 하는 거야. 말뿐 아니라 생각하는 것, 행동하는 것, 모두 다 배우는 거야. 그런데 배우려면 누군가 가르치는 사람이 있어야겠지? 그러니까 배움이 없어서는 사람이 살아갈 수 없고 가르침이 없이는 배움이 있을 수 없다, 이 말이야. 그래, 이 가르침을 한문으로는 '교(敎)'라 쓰거든. 여기에다 마루 종(宗)자를 붙여서 종교라고 하는데 마루란 제일 높다는 뜻이야. 그러니까 종교란 '제일 높은 가르침'이란 말이겠지? 무슨 말인고 하니, 사람이 사람답게 살아가도록 가르치는 가장 높고, 깊고, 마지막이 되는 가르침을 '종교(宗敎)'라고 한다, 이 말이야.

예수님이 가르치신 것도 바로 그런 가르침이지. 사람이 어떻게 하면 가장 완전한 사람이 될 수 있는가, 그 길을 가르치신 거야. 사람이란 너나 가릴 것 없이 모두가 하나님의 아들이요 딸인데 사람들이 그걸 모르고 살거든. 자기가 누군지를 바로 알지 못하며 살고 있는 사람이 어떻게 완전하게 살아갈 수가 있겠니? 그래서 예수님은 우리에게, 너희는 모두 자신이 하나님의 아들이요 딸이라는 사실을 깨달아 알고 하나님의 아들답게 딸답게 살아가라고 가르치신 거야.

석가모니도 그렇게 많이 가르쳤지만, 요약하면 "너희 모두가 사실은 부처다. 깨달아라." 바로 이거였어. 부처님 혼자서 부처가 아니라 이 세상 사는 온갖 사람들, 그걸 불교에서는 중생(衆生)이라고 하는데, 그중에는 살인자도 있고, 도적놈도 있고, 사기꾼도 있지. 그 모든 중생이 다 부처라는 거야. 다만 자신이 그걸 깨닫지 못해서 부처답게 살지 못하고 어리석고도 헛된 생활에서 허덕인다는 거거든. 석가모니가 오랜 수도 생활 끝에 문득 깨달음을 얻고는 "하늘 위 하늘 아래 오직 나 홀로 존귀하도다〔天上天下 唯我獨尊〕"라고 소리쳤다는 말 들어봤지? 그 말이 무슨 뜻이겠니? 세상에 자기만 있다니, 그럼 남들은 다 뭐야? 얼핏 들으면 기분 나쁜 소리지만 그게 아니야. 깨닫고 보니 모두가 부처라, 이 말이지. 도대체 '남'이라는 게 없어진 거야. 저기 서 있는 보리수나무도 나요, 하늘에 떠 있는 매도 나요, 골짜기 흐르는 냇물도 나요, 돌 밑에 기어다니는 개미도 나란 말이야. 알겠니? 너도 나요, 나도 나요, 모두가 다 '나'라면 싸우고 헤어지고 삐치고 할 일이 없지 않겠니?

이 사실을 깨닫지 못하고 어지러운 꿈속을 헤매는 중생에게 "이 놈, 네가 부처다!" 하고 가르치는 게 바로 불교(佛敎), 즉 부처〔佛〕의 가르침〔敎〕이란다. 서로 죽이고, 미워하고, 빼앗고 하는 사람들에게 "하나님이 네 아버지시다!" 하고 가르치는 게 바로 기독교(基督敎), 즉 그리스도〔基督〕의 가르침〔敎〕이고.

이제 우리가, 기독교란 무엇이냐 알아보려면 예수님과 예수님의 가르침을 알지 않으면 안 돼. 예수님이 없이는 기독교가 있을 수 없거든. 그러면 예수님이 어떤 분이신가? 이것은 앞으로 자세하게 알아보기로 하고 우선 예수님이 가르치신 내용이 무엇인가 잠깐 살펴보기로 하자. 예수님이 가르치신 게 뭐야? 너희들 지금 살아가는 것처럼 살면 다 죽는다, 이거야. 죽는다는 게 나이가 들어서 육신이 죽는 걸 말하는 게 아니야. 예수님이 말씀하신 죽음이란 그런 게 아니라, 사람이 사람답게 살지 못하면 그게 곧 죽음이란 거야. 육신과 함께 영혼이 죽어가는 사람들 보고 "그리 가지 마, 그리 가면 죽어, 이리 와, 이리 와서 나를 따라오면 살아" 하고 말씀하신 분이 바로 예수야. 한 걸음 더 나아가 예수님은 뭐라고 하셨니? "내가 길이다" 하셨지? 또 뭐라고 하셨니? 그래, "나는 길이고 진리고 생명이다" 하셨지. 이 말씀은 "나를 따라오라. 그러면 산다"는 말씀이야. 이렇게 예수님은 사람들에게 살아남는 길을 가르치신 분이면서 동시에 바로 그 '길'이기도 하신 분이지. 예수님은 십자가에서 돌아가셨지만 다시 살아나셨고, 다시 살아나신 예수님은 두 번 다시 죽지 않는단 말야. 이렇게 "영원히 살고 싶으면 지금 내가 살듯이 살고 내가 하는 대로 따라서 해라. 그러면 나처럼 영원히 산다. 그러니 내가 '길'이다" 하고 말씀하신 거야.

새 세상으로 들어가는 문턱에서

자, 그러면 오늘 배운 것을 정리해볼까? 우선 먼저 이 세상에는 여러 종교가 있다는 사실을 인정해야 해. 이 세상에는 여러 종교가 있는데 지금까지는 그 종교들이 서로 저만 옳다고, 불교는 불교만 옳다고 하고 기독교도 기독교만 옳다고 하고 이슬람교도 저만 옳다고 했는데 그러다 보니 서로 싸울 수밖에! 서로 저만 옳으니까, 남을 인정할 수 없으니까.

그런데 이제 지구가 점점 작아지잖니? 교통수단이 발달하고 통신수단이 발달하니까 옛날 같으면 사흘은 걸려야 갈 수 있던 서울을 두 시간 만에 가고 몇 달씩 걸려야 편지가 전달되던 미국에 전화 한 통으로 연락이 되니 그만큼 지구가 작아졌단 말이야. 지구가 작아지니까 옛날 같으면 있는 줄도 몰랐을 낯선 사람들과 자주 만나게 된 거야. 옛날 지구가 컸을 때에는 저쪽에 불교 신자들이 살고 이쪽에는 기독교 신자들이 살았지만 서로 부딪힐 일이 없으니 싸우거나 사귈 기회도 없었지. 그런데 지구가 작아지니까 서로 만나지 않으려야 만나지 않을 수 없게 됐거든. 우리나라만 해도 불교 신자와 기독교 신자, 유교 신자, 이슬람교 신자들이 함께 섞여서 살지 않니? 자, 그렇게 되니까 이제는 서로 다른 종교를 믿는 사람 사이에 싸움이냐 아니면 화목이냐 둘 중에 하나를 택하지 않을 수 없게 된 거야.

그런데 여기서, 지금까지는 싸웠지만 가만 생각해보니 싸우는 것은 옳지 않다, 한 분이신 하나님이 서로 싸우고 죽이라고 우리를 지으신 것이 아니지 않겠느냐, 하고 말하는 사람들이 생겨난 거야. 그런 생각을 기독교에서는 에큐메니즘(ecumenism)이란 말로 나타내고 있어. 너희들 '에큐메니컬(ecumenical)'이란 말 들어봤지? 그래, 그런데 그게 무슨 뜻인지는 아니? 말 그대로 하면 '한 세상'이라는 뜻이야. 하나님이 한 분이시듯 세상도 하나란 말이야. 세상이 사람들에 의해서 이리저리 깨어지고 나뉘고 했는데 이제 그 모두가 '한 세상'임을 깨닫고 서로서로 '한 세상'을 만들어가자는 것이 바로 에큐메니컬 운동(ecumenical movement)이라는 거야.

기독교 쪽에서 보면 불교 신자도 하나님의 자식이고, 유교 신자도 하나님의 자식이고, 모두가 하나님의 자식이라는 말이 되겠고, 불교 쪽에서 보면 기독교 신자도 부처고, 힌두교 신자도 부처고, 모두가 부처라는 말이 되겠지.

지금까지는 너하고 나하고 서로 다른 남남인 줄 알았는데 알고 보니 한 형제로구나, 하는 깨달음에 이르게 된 거야. 알겠니?

자, 그러면 우리 집 문 앞에 스님이 와서 시주를 달란다고 하면 너희들은 어떻게 하겠니? 시주를 줘야겠지? 그래, 그래야 해. 그런데 어떤 집에서는 "우리 집은 예수 믿어요!" 하고 쫓아버린단 말이야. 이제는 그런 자세와 생각을 버려야 해. 너희도 절간 같은 데 가서 괜히 주뼛주뼛할 거 없어. 거기도 다 하나님이 지으신 사람들이 저마다 하나님을 모시는 방법을 배우는 데라고 생각하고 예배당 드나들 듯이 드나들 수 있어야 하는 거야.

_통일교하고는 그러면 안 되잖아요?

아아, 통일교? 그건 다른 문제야. 아버지가 보기에 통일교는 진짜 종교가 아닌 것 같아. 가짜는 어디에나 있어. 가짜는 불교에도 있고, 기독교에도 있는데 가짜하고는 사귀면 안 돼. 그렇다고 해서 통일교 신자들을 멸시해도 된다는 말은 아니야. 누구도 그런 생각을 해서는 안 돼. 그럴 수 있는 자격은 아무한테도 없어. 그들 역시 하나님의 자녀거든.

여기서 아버지가 말하고 싶은 것은 우리가 먼저 진정한 기독교인이 되자는 거야. 진정하지 않으면 서로 만날 수 없고, 만나야 싸움질밖에 할 수가 없거든. 그리고 어른스럽게 되지 않으면 서로 어른스럽게 만날 수도 없는 거야. 그러니까 절간 벽에다가 몰래 붉은 페인트로 십자가를 그려놓고 달아난다든가 부처님 욕을 써놓는 기독교 신잔 아직 덜 익은 신자야. 누가 제대로 잡아주지 않으면 그런 신자는 평생 진정한 기독교 신자가 될 수 없을 게다.

이제 앞으로 너희들 세대에서는 다른 종교를 적으로 대하지 않고 함께 더불어 살아가며 서로 돕고 도움 받는 성숙한 종교인으로 살아갔으면 해. 어떤 아이가 어른이 된 다음에도 저만 옳다고 하고 저만 제일이라고 한다면 어떻게 되겠니? 그래 가지고는 성숙한 어른의 세계에 들어갈 수 없겠지? 너희들, 그런 '아이'로 남아 있어서는 안 돼.

다른 종교인하고 만날 때, 그가 하는 말을 귀 기울여 듣고 또 내가 믿는 하나님은 이런 분이시며 그분의 뜻은 이러이러한 것이라고 자기가 확신하는 것을 말해줄 수 있어야 해. 말하되 너도 나처럼 말하라고 설득하려는 자세가 아니라, 서로 힘을 합해서 이 세상을 참 좋은 세상, 하나인 세상으로 만들어보자는, 그런 뜻으로 말을 해야 하는 거야.

아버지 시대가 문이 빠끔 열린 시대라면 너희 시대는 이제 그 문을 열고 들어가서 마음껏 어울리며 새 세상을 만들어갈 시대야. 자, 그러자면 우선 무엇을 해야겠니? 남과 어울리려면 '나'를 바로 세우고 알아야 해. 너희가 다른 종교인과 더불어 살아가야 하는 시대를 제대로 살아가려면 우선 기독교인이란 무엇인가, 어떻게 사는 것이 기독교인의 참모습인가를 바로 알아야 한단 말이야. 자기 자신도 바로 세우지 못하면서 어떻게 남과 어울리겠니?

그래서 이제 아버지가, 앞으로 얼마나 걸릴는지 모르겠다만, 너희에게 '기독교란 무엇인가'라는 제목으로 아주 기본적인 것을 얘기해주려는 거야. 기독교를 알려면 무엇보다도 예수님을 알아야 해. 다음 시간부터는 예수님이 어떤 분이신지, 어떤 가르침을 베푸셨는지 차근차근 알아보도록 하자.

뭐 물어보고 싶은 거 있니?

＿아버지는 하나님을 만나신 적이 있어요?

만난 적이 따로 있지는 않아. 꿈에 무슨 환상을 봤다든가 이상한 소리를 들은 경험 같은 건 없어. 그렇지만 아버지는 하나님을 늘 만나고 있다고 생각해. 아버지가 여기저기 사람들이 오라고 할 적마다 시간이 겹치지 않는 한 거절하지 않고 가는 것도, 하나님이 그들을 통해서 나를 부르신다고 생각하기 때문이야.

하나님은 만물을 지으신 분이지만 그 만물 안에 계시는 분이야. 내 말을 잘 들어봐라. 하나님이 만물을 지으신 것은 소리가 흙으로 저 인형들을 빚어 만든 것과는 달라. 하나님이 만물을 지으신 것은 내가 너희들을 낳은 것과 비슷해. 설명을 하면, 소리 네가 저 인형들을 흙으로 만들었잖니? 그런데 저 인형들은 소리하고 떨어져 있어. 저것들이 깨진다고 했을 때 소리가 깨어지는 건 아니야. 마음은 아프겠지. 그러나 저것이 깨어진다고 해서 소리 몸에 피가 나거나 하는 건 아니란 말이야.

하나님이 소리를 만드신 것은 엄마가 소리를 낳은 것과 비슷해. 엄마가 소리를 낳은 것하고 소리가 흙 인형을 빚은 것하고 같다고 보니? 다르지? 바로 그거야. 하나님은 우리를 지으시고 저 멀리 떨어져 계신 것이 아니라 바로 우리 안에 계시거든. 자기 속에 계신 하나님과 따로 만난다는 것 자체가 이상하지 않니? 그래서 아우구스투스는 하나님을 두고, "나보다 더 나와 가까우신 분"이라고 하셨어. 그러니까 문제는 자기가 늘 하나님과 함께 있으면서도 그걸 모른다는 점이야.

슬기 네 속에 하나님이 계신단 말이야. 소리도 기림이도 마찬가지야. 그런데 슬기가 슬기를 아는 것보다 하나님이 슬기를 더 잘 아시거든. 얼마나 기막힌 일이니? 그 하나님이 바로 네 안에 계시다는 사실을 깨닫되 머리만으로 아는 게 아니라 몸으로 알아야 해. 바로 그게 하나님을 '아버지'라고 부르신 예수님의 가르침이야. 열매가 나무에서 나오지만 그 열매 속에 나무가 들어 있듯이, 너희가 아버지 어머니한테서 나왔지만 너희 속에 아버지 어머니가 들어 있단 말이야. 예수님도 그래서, "내가 아버지 안에 있고 아버지가 내 안에 계시다"고 하셨지 않니? 예수님을 잘 배우면 기독교도 알 수 있지만 하나님도 알 수가 있어. 또 하나님을 안에 모시고 있는 우리 자신도 알 수가 있지.

세상에 밥으로 오신 예수

먹는 생명과 먹히는 생명은 따로 떨어진, 두 가지 다른 생명이 아니라 실은 '하나'란다. 하나님이 바로 우리의 생명이니까. 다만 문제는 어느 쪽이 먼저냐, 그걸 아는 게 중요해.

⚜

지난번 시간에 무슨 얘길 했지? 그래, 앞으로 다가올 새로운 시대에 기독교 아닌 다른 종교들과 싸우지 않고 서로 힘을 모아 좀더 좋은 세상을 만들어 나가는 것, 그것이 바로 한 분이신 하나님이 바라시는 일일 텐데, 그러려면 우리가 먼저 진정한 기독교인이 되어야 하고, 진정한 기독교인이 되려면 우선 기독교가 어떤 종교인지 알아야 할 것이고, 기독교를 알고자 한다면 예수님에 대해서 알아야 한다는 그런 얘길 했지. 이왕 기독교 신자가 됐으면 제대로 신자 노릇을 해야 하지 않겠니? 시시하게 그냥 버릇처럼 교회당에나 왔다 갔다 하지 말고!

인간의 언어와 하나님 말씀

예수님을 알려면 우선 무엇을 해야 할까? 예수

님을 알고 싶은 사람은 성경을 봐야 해. 예수님에 대해서 우리한테 무엇을 가르쳐주는 유일한 책이 바로 성경이거든. 성경책 말고는 예수님에 대한 기록이 거의 없어. 예수님 당시에 유대 나라 역사가로 요세푸스(Flavius Josephus)라는 사람이 있었어. 그가 쓴 아주 두꺼운 역사책에 예수님에 대한 기록이 나오기는 나오는데 겨우 몇 줄밖에 안 돼. 그건 무슨 말인고 하니 당시 일반 역사가들 눈에는 예수님이 별로 중요한 인물로 보이지 않았다는 뜻이야. 예수님이 부활하신 것도 성경에만 기록되어 있어. 그러니까 예수님을 알려면 할 수 없이 성경을 보아야 하는 거야. 자, 그러면 성경이란 무엇이지?

_성경은 하나님의 말씀이잖아요?

그래, 성경은 하나님의 말씀이야. 그런데 성경이 하나님의 말씀이라는 말은 또 무슨 뜻이지? 하늘에서 하나님이 뭐라고 말씀하시는 걸 누가 죄다 받아쓰기라도 했다는 걸까? 아니야, 그건 아니야. 성경은 약 1천 년이라는 오랜 세월을 거쳐 수백 명이 기록한 여러 가지 글을 모아놓은 책이야. 그 안에는 설교도 있고 전설 같은 이야기도 있고 시도 있고 편지도 있어. 그런가 하면 역사 기록도 있어. 그 모든 것들은 결국 인간의 말(언어)로 되어 있지. 그런데 그 인간의 말 속에 하나님의 말씀(뜻)이 담겨 있다, 이런 말이야.

예를 들자면 여기 컵에 물이 담겨 있잖니? 인간의 언어가 이 컵이라면 하나님의 말씀(뜻)은 컵에 담긴 물과 같아. 인간의 언어 속에 영원하신 하나님의 말씀(뜻)이 담겨 있는 거야. 알아듣겠니? 이 컵과 물은 서로 떨어질 수 없는 사이지만, 컵이 곧 물은 아니거든. 그러니까 성경의 언어와 그 속에 담겨 있는 하나님의 말씀(뜻)을 같은 걸로 봐서는 안 되는 거야. 컵이 더 중요하니? 아니면 물이 더 중요하니? 어느 쪽이 더 중요하지?

　　_물이지요.

　　옳아. 물이 더 중요해! 물이 있어서 컵이 있는 것이지 컵이 있어서 물이 있는 건 아니거든. 그러니까 먼저 하나님의 말씀(뜻)이 있어서 성경이 있는 거지 성경이 있어서 하나님의 말씀이 있는 건 아니야. 우리는 성경을 읽을 때 인간의 언어에 매달릴 게 아니라 그 인간의 언어 속에 담겨 있는 하나님의 말씀(뜻)을 읽을 수 있어야 하는 거야. 알겠니?

　　『법보단경』이라는 불경(佛經)에 보니 이런 말이 있더라.

　　"묘도(妙道)는 허현(虛玄)이라 불가사의(不可思議)하니 망언득지(忘言得旨)하여야 단가오명(端可悟明)이리라."

　　풀어 말하면 이런 뜻이야.

　　"부처님의 묘한 법도(길)는 텅 비고 가물가물하여서 머리로 생각할 수 없는 것이니 그 '말'을 잊고 '뜻'을 얻어야 비로소 깨달음이 밝아지느니라."

　　불경을 아무리 많이 읽어도 그 안에 담겨 있는 뜻을 읽지 않고 문자만 읽으면 결코 깨달음을 얻지 못한다는 말이지. 성경을 읽을 때도 마찬가지란다. 하나님의 말씀은 인간의 머리로 생각하고 따지고 해서 알 수 있는 것이 아니니 그 말씀을 담은 그릇인 인간의 언어에 매달리거나 묶이지 말고 다만 그 속에 담긴 말씀(뜻)을 읽어야 비로소 밝은 깨달음을 얻을 수 있는 거야.

　　_그런데요, 성경을 읽다 보면 좀 이상한 데가 있어요.

예를 들면 어떤 점이?

__같은 얘기가 좀 다르게 기록된 게 있는 것 같아요.

그래, 그런 데가 많이 있어. 예를 들면 예수님의 탄생 이야기가 마태복음하고 누가복음에 조금 다르게 나오지. 마태복음에는 예수님을 찾아와 경배한 사람들이 저 멀리 동방에서 온 박사들인데, 누가복음에는 가까운 산에서 양을 치던 목자들이야. 그리고 마태복음에는 예수님이 외양간의 구유에 누워 계셨다는 이야기가 없어. 그리고 누가복음에는 예수님이 애굽으로 피난하셨다는 이야기가 없고. 왜 두 복음서가 이렇게 서로 다를까? 여기에 대해서 생각해봤니? 의심나는 것은 의심하면서 읽는 게 좋아.

__목사님이 의심하지 말라고 하셨는데요?

그건 성경에 담겨 있는 하나님의 말씀(뜻)을 의심하지 말라는 거지, 그 말씀을 우리에게 전달하는 인간의 언어까지 의심 말라는 건 아니야. 이상한 걸 이상하다고 생각하지 말라면, 결국은 하나님 만날 생각을 하지 말라는 거나 마찬가지란다. 하나님은 우리 눈에 이상하게 보이는 것들 속에 계시거든. 모세가 호렙산에서 본 게 뭐니? 불이 붙었는데 타 없어지지 않는 이상한 떨기나무였잖아? 모세가 '이상하구나' 하고 가까이 갔을 때 그 불꽃 속에서 하나님이 말씀하신 거야. '이상하긴 이상한데 의심하지 말라고 했으니까' 하고 그냥 스쳐 지나갔다면 하나님을 만나지 못했을지도 몰라. 성경을 읽을 때 의심나는 점을 피해서 읽는 건 좋은 방법이 아니란다.

자, 아까 얘기로 돌아가서, 예수님 탄생 이야기가 어째서 마태복음과 누가복음에 '똑같이' 기록되어 있지 않을까? 예수님이 어떻게 태어나셨는지 제일 잘 아는 사람이라면 누구보다도 거룩한 어머니 마리아일 텐데,

어머니가 예수님 태어나실 적의 일을 잘 기억하지 못하신 걸까? 그래서 여기서는 이렇게 말하고 저기서는 저렇게 말하신 걸까? 아니야. 그렇게 는 생각할 수 없지.

이 의심을 풀려면 먼저 성경, 특히 복음서가 어떻게 해서 생겨나게 됐 는지를 알아야 해. 복음이란 '기쁜 소식'이란 뜻인데 크게 두 가지로 나눌 수 있어. 하나는 예수님의 말씀이고 다른 하나는 예수님에 대한 말씀이 야. 앞의 것을 예수님의 어록(語錄)이라고 한다면 뒤의 것은 예수님에 대 한 제자들의 증언(證言)이라고 해야겠지. 이 두 가지로 이루어진 것이 오 늘 우리가 읽는 '복음서'야.

예수님이 살아 계실 동안은 아무도 예수님이 몸소 하신 말씀이나 예수 님이 하신 일을 기록해두려고 하지 않았어. 그럴 필요가 없었거든. 복음 자체가 그들과 함께 계셨으니까. 그런데 예수님이 돌아가신 뒤 한참 세월 이 흐르자, 누군가 예수님의 말씀을 기록으로 남기기 시작했어.

왜 기록으로 남기기 시작했는고 하니, 예수님의 말씀을 듣고 함께 살 았던 사람들이 하나 둘 늙어서 죽어가기 시작했거든. 그러면서 예수님이 하신 말씀이나 예수님에 대한 얘기가 사람들 입에서 입으로 퍼져 나갔는 데 그중에는 터무니없는 엉터리 얘기들도 섞여들게 된 거야. 예수님이 하 늘로 올라가신 뒤, 성령을 받은 제자들이 함께 모여 더불어 살게 된 것이 바로 '교회'였는데, 이 교회에 모인 사람들 사이에서도 예수님이 이런 말 씀을 하셨다, 아니다, 예수님이 이렇게 문둥병자를 고치셨다, 아니다 …… 하고 여러 가지 다른 말들이 오고 가게 됐어. 자, 이건 큰 문제였지! 아마 그래서 누군가가 글을 쓰기 시작했을 거야. 글이란 한번 써놓으면 이랬다저랬다 하지 않거든. 그런데 글을 쓴 사람이 어느 한 사람이 아니라 여럿이었어. 그러니 저마다 글이 조금씩 다르지 않겠니?

마태복음은 나중에 마태라는 사람이, 여기저기에서 기록된 자료들을 모아다가 이리저리 짜서 맞추어 놓은 거야. 누가복음은 누가가 그렇게 한 것이고, 마가복음, 요한복음도 마찬가지지. 그이들이 처음부터 끝까지 다 쓴 게 아니라 이런저런 자료들을 모아서 거기에다 자기가 아는 내용을 보태어 묶은 것이 바로 우리가 읽는 '복음서'란다. 그러니 따지고 보면 누가복음은 누가의 창작품이 아니지.

이제는 왜 예수님의 탄생 이야기가 누가복음하고 마태복음에 조금 다르게 되어 있는지 좀 알겠니? 봐라, 똑같은 물건도 사람에 따라 다르게 보이는 법 아니니? 무슨 사건이 벌어졌는데 신문마다 똑같이 썼다면 그건 정직한 신문이 아니야. 한때 우리나라 신문들이 그랬어. 무슨 일이 생겼다 하면 이 신문 저 신문이 글자 하나 다르지 않고 기사가 똑같았단다. 정부에서 각 신문사에 '보도지침'이라는 걸 내렸거든. "이번 기사는 이렇게 쓰고, 제목은 이렇게 달고, 크기는 얼마로 하고, 사진을 빼시오." 이런 식으로 말이야. 그러니 기자들이 가서 보고 듣고 느낀 것이 그대로 찍혀 나올 수가 없었지. 따라서 그건 진짜 신문이 아니고 오히려 진실을 감추거나 찌그러뜨리는, 아주 나쁜 신문이 되고 말았어.

만일 예수님에 대한 기록이 복음서마다 서로 똑같다면 그건 누가 '보도지침'을 내렸든지, 아니면 중간에서 이리저리 손질을 했든지, 그것도 아니면 한 사람 것을 다른 사람이 그대로 베꼈든지, 그랬기 때문이 아니겠니? 그러니까 성경이 서로 조금씩 다른 점이 바로, 그 기록이 진짜임을 증명하는 거야. "마태복음하고 누가복음이 서로 다르니 둘 중 하나는 엉터리다." 이렇게 말하는 사람은 뭐가 뭔지 모르는 바보야. 인간의 언어(문자)에 얽매이는 사람이 바로 그런 사람이지. 그러면 성경의 참뜻을 알기 어려워. 우리는 다만, 이렇게 서로 다른 기록들 속에 담겨 있는 하나님의 말씀(뜻)이 무엇인지 그걸 알아내야 하는 거야. 무슨 말인지 알겠니?

세상에 '밥'으로 오신 예수

자, 이제 시간도 많이 흘렀고 했으니 성경에서 예수님을 어떻게 가르치는지 대충 살펴보기로 하자. 우선 예수님 자신이 자기를 어떻게 설명하셨는지 알아보는 방법이 있겠지? 한번 찾아보자. 먼저 슬기가 요한복음 6장 35절을 읽어보겠니?

＿예수께서 이르시되 나는 생명의 떡이니 내게 오는 자는 결코 주리지 아니할 터이요 나를 믿는 자는 영원히 목마르지 아니하리라

그래, 예수님이 자기를 뭐라고 하셨지?

＿생명의 떡이라고 하셨어요.

생명의 떡이란 말은 생명을 지닌 떡이면서 생명을 주는 떡이란 뜻이야. 예수님이 자기를 가리켜 "나는 떡이다" 하신 것은 우리에게 어떻게 하라는 말씀이겠니? 나는 떡이니까 냉장고에 잘 모셔두라는 말일까? 아니겠지? 자, 그게 무엇을 하라는 말씀인지 어디 슬기가 마가복음 14장 22절을 찾아서 읽어볼래?

＿그들이 먹을 때에 예수께서 떡을 가지사 축복하시고 떼어 제자들에게 주시며 이르시되 받으라 이것은 내 몸이니라 하시고

어떻게 하라고? 그래, 받아먹으라고 하셨어. 떡은 보관해두려고 있는 게 아니라 먹히려고 있는 것이거든. 예수님은 우리보고 자기를 먹으라고 하셨어. 그럼 우리보고 식인종이 되란 말일까? 그런 말은 아니겠지. 우리가 예수님을 먹는다는 게 무엇을 뜻하는지, 이 문제는 나중에 다시 생각하게 될 테니까 오늘은 예수님이 자신을 떡이라고 하신 것이 무슨 뜻인지 그것만 간단히 생각해보기로 하자. 이번에는 기림이가 누가복음 2장 12절을 읽어볼까?

＿너희가 가서 강보에 싸여 구유에 뉘어 있는 아기를 보리니 이것이 너희에게 표적이라 하더니

구유에 뉘어 있는 아기가 누구지?

＿예수님이지요.

그래, 그렇다면 구유는 뭐지?

＿여물통이요.

여물통이란? 가축이 먹는 음식을 담는 통이지. 그러니까 예수님이 구유에 뉘이셨다는 말씀은 그분이 밥통에 뉘이셨다는 말이야. 밥통에 들어 있으니 밥이지 뭐!

요한복음하고 마가복음에서 읽은 것은 예수님이 "내가 밥이다" 하고 말씀하신 것이고(성경의 떡은 우리네 식으로 말하면 밥이니까) 지금 기림이가 누가복음에서 읽은 것은 사람들이 "예수님은 밥으로 오신 분이다" 하고 고백한 거야.

자, 그럼 밥이란 뭐지? 밥을 안 먹으면 우리는 어떻게 돼? 죽지? 그러니까 밥은 우리를 살게 하는 거야. 그런데, 우리를 살려 주려면 밥은 어떻게 돼야 하나? 우리 뱃속에 들어가서 죽어 없어져야지. 그러니까 예수님이 세상에 밥으로 오셨다는 말은 우리를 살리려고 스스로 죽임을 당하신 분이라는 말이 되는 거야. 마가복음 15장 31절에 보면 십자가에 달린 예수님을 보고 대제사장과 서기관들이 "남은 구원하였으되 자기는 구원할 수 없도다" 하고 조롱하는 대목이 있어. 그래, 그 말대로야. 예수님은 우리를 살리려고 당신 자신은 죽어야 했던 거야. 밥이니까!

잘 살펴봐라. 모든 살아 있는 생명은 다른 살아 있는 생명을 먹어야 살게 돼 있어. 너희들이 오늘 저녁에 먹은 것도 모두 살아 있는 생명이었어. 그렇지? 그러니까 생명에는 먹는 생명이 있고 먹히는 생명이 있는 거야. 어느 쪽이 먼저겠니? 먹는 생명이 있어서 먹히는 생명이 있겠니? 아니면 먹히는 생명이 있어서 먹는 생명이 있겠니? 먹는 호랑이가 있어서 먹히는 토끼가 있는 거니? 아니면 먹히는 토끼가 있어서 먹는 호랑이가 있는 거니?

__토끼를 먹어서 호랑이가 살지요.

그래, 맞았어. 호랑이 없어도 토끼는 살아. 그렇지만 토끼 없이 호랑이는 살 수 없지. 먹는 생명이 있어서 먹히는 생명이 있는 게 아니라 먹히는 생명이 먼저 있어서 먹는 생명이 있는 거야. 그런데 많은 사람이 이 사실을 모르고 있는 게 안타깝구나. 너희들 기억나니? 너희들 누구 먹고 살았니? 엄마 먹고 살았잖아? 엄마가 너희들 밥이거든. 너희도 나중에 시집가서 아이를 낳으면 그 아이들한테 젖을 주지 않겠니? 그러니까 모든 어머니는 모든 자식한테 '밥'이 되는 거야. 그럼 너희 엄마는 누굴 먹었지? 할머니. 할머니는? 할머니의 어머니. 자꾸만 위로 올라가면 맨 위에 있는 어머니는 누구지? 그래, 하와 할머니지. 그런데 그 하와는 누굴 먹고 살았지? 아담과 하와 코에 생명을 불어넣으신 분, 바로 하나님이지. 그러니까 결국 모든 밥 중에 가장 높은 밥, 맨 처음 밥이 누구냐 하면 하나님이라이 말이야. 하나님이 계셔서 사람이 있는 거지, 사람이 있어서 하나님이계신 건 아니란다.

옛날 동학의 교주인 해월 최시형 선생이, 제자가 묻기를 "누가 한울님이십니까?" 하니 "밥이 한울님이시다" 하고 대답하셨어. 그 말이 이해되니? 하나님은 끊임없이 자신을 내어주시는 분이야. 마치 밤낮없이 빛을내뿜기만 하는 저 해처럼.

그런데 자식이 자기를 살리느라고 스스로 생명을 내어준 어머니를 마구 구박하고 짓밟고 한다면 하나님이 그런 자식을 어떻게 하시겠니? 그냥내버려둘 수는 없겠지? 그래서 예수님이 오신 거야. '밥'이 천대받는 세상에 '밥'으로 오신 분이 바로 우리가 주님이라고 부르는 예수이시란다.

밥이 천대받는 사회란 달리 말하면 농민, 노동자들이 천대받는 사회란말이야. 농사꾼이 하는 일과 국회의원이 하는 일 중 어느 일이 더 중요하니? 농사꾼이 하는 일이 더 중요하지? 국회의원쯤 없어도 농사꾼은 살 수있지만 농사꾼이 없으면 국회의원, 대통령, 판검사, 교수, 목사, 화가…… 모든 사람이 자기 일을 할 수가 없어. 그러니까 농사가 세상의 큰뿌리라는 말[農者天下之大本]은 백 번 옳은 말이야. 그러면 그 농사꾼이가장 존경받고 대우받아야 하는데 오히려 세상에서 가장 업신여김을 받고 천대를 당한다면, 그것은 곧 인간이 하나님을 모독하는 것과 마찬가지 아니겠니?

　예수님은 이렇게 거꾸로 된 세상을 바로잡으려고 오셔서 그때 세상의 '밥'이었던 사람들인 어부, 품팔이 일꾼, 세리, 창녀, 병자, 어린이, 여자들과 함께 사셨고 그들의 동무가 되어 이 세상에 진짜 '밥'으로 살아가는 법을 가르쳐주신 거야. 왜냐하면 바로 그 길만이 거꾸로 된 세상을 바로잡을 수 있으니까.

　너희들 이제부터 밥 한 톨이라도 가볍게 봐서는 안 된다! 쌀 한 톨에 무엇이 들어 있니?

　_탄수화물이요.

　학교에서 그렇게 배웠지? 맞는 답이다. 그러나 우리네 조상들은 이렇게 가르치셨어. "한 톨 쌀에 하늘·땅·사람이 있느니라." 잘 생각해봐라. 쌀 한 톨에 하늘의 햇빛, 땅의 양분, 농부의 수고가 들어 있지 않니? 하늘·땅·사람[天地人]을 옛날 어른들은 우주를 구성하는 세 가지 요소[三才]라고 생각했어. 그러니까 쌀 한 톨에 우주가 들어 있는 거야.

　자, 그러니 이제 우리는 쌀 먹으면서 우주를 함께 먹는다고 말할 수 있겠지?

　먹는 생명과 먹히는 생명은 따로 떨어진, 두 가지 다른 생명이 아니라 실은 '하나'란다. 하나님이 바로 우리의 생명이니까. 다만 문제는 어느 쪽이 먼저냐, 그걸 아는 게 중요해. 먼저 할 일을 먼저하고 받들어 모실 분을 받들어 모셔야 그게 제대로 된 세상이거든. 이 세상에 '밥'으로 오신 예수님은 바로 그런 세상을 만들려고, 남은 살리고 자신은 죽는, 그래서 영원히 사는, 그런 길을 걸어가신 거야.

세상의 미움을 받으신 예수

우리가 두 눈 똑바로 뜨고 보아야 할 것은 예수님이 지신
'십자가'가 아니라, 십자가를 지실 수밖에 없도록 살아가
신 그분의 '삶'이야.

지난번 시간에, 우리가 예수님을 알려면 무엇을 보아야 한다고 했지?

_성경책이요.

그래, 성경 가운데서도 특히 복음서를 읽어야 해. 이제부터 복음서를 읽어가면서 거기에 그려진 예수님의 모습을 살펴보기로 하는데, 네 복음서에서 누가복음을 중심으로 살펴보기로 하자.

우선 오늘 함께 생각할 말씀을 슬기가 읽어보겠니? 누가복음 2장 34절과 35절 말씀이다.

_시므온이 그들에게 축복하고 그의 어머니 마리아에게 말하여 이르되 보라 이는 이스라엘 중 많은 사람을 패하거나 흥하게 하며 비방을 받는 표적이 되기 위하여 세움을 받았고 또 칼이 네 마음을 찌르듯 하리니 이는 여러 사람의 마음의 생각을 드러내려 함이니라 하더라

맨 나중에 기록되는 '출생 이야기'

방금 읽은 말씀은 예수님에 대한 여러 이야기들 가운데서도 아기 예수에 관계된 이야기의 한 토막이야. 어떤 사람이 태어나는 때에 얽힌 이야기를 흔히 '출생기(出生記)'라고 한단다. 그러니까 오늘 읽은 이야기는 예수님의 출생기 가운데 한 대목이지. 그런데 이 출생기라는 게 좀 묘한 거야. 이야기의 순서로 치면 마땅히 제일 먼저 나오지만, 주인공에 대한 이야기가 '만들어진' 순서로 치면 가장 나중에 만들어지는 게 바로 출생기거든. 무슨 말이냐 하면, 어떤 사람이 살다가 죽었다 치자. 다른 사람들이 그 죽은 사람 이야기를 하게 될 때 맨 먼저 무슨 이야기부터 하겠니? 그 사람이 어떻게 죽었으며 죽기 직전에는 무엇을 했는지, 그런 이야기부터 시작하지 않겠어? 그러니까 그 주인공의 말년에서 중년으로, 중년에서 청년으로, 청년에서 소년으로 이렇게 거슬러 올라가며 이야기가 이루어지는 거야. 어떤 사람의 이야기 가운데 사람들이 제일 정확하게 잘 아는 건 그 주인공의 말년 이야기겠니? 아니면 초년 이야기겠니?

＿말년 이야기지요.

그래, 가장 가까운 때의 이야기니까 기억도 그만큼 잘 나지 않겠어? 그렇다면 그 주인공의 초년 시절 이야기는 그만큼 자세하지도 못하고 흐릿하겠지? 오래 전에 있었던 이야기니까.

예수님 출생기도 마찬가지야. 제자들은 예수님이 십자가에 달리시기 전, 그들과 함께 다니실 적의 이야기는 꽤 자세히 알 수 있었지만 예수님의 소년 시절 이야기나 아기 때 이야기는 별로 아는 게 없었어. 그래서 복음서에도 예수님 어렸을 적 이야기는 별로 없고 출생기도 마태복음과 누가복음에만 있는데 그것마저도 다르게 기록되어 있는 거야. 대개 어떤 사람의 '출생기'라는 것은, 그때에 있었던 일을 있는 그대로 적은 기록이라기보다는, 나중 사람들, 그러니까 그 주인공에 대한 이야기를 나누는 사람들이 주인공을 어떻게 생각하는지, 또는 그의 일생을 어떻게 생각하는지, 바로 그 내용을 담은 이야기라고 할 수 있단다. 마태는 예수님을 이스라엘의 위대한 '왕'으로 생각했지. 그래서 그가 기록한 예수님의 출생기에는 '유대인의 왕'으로 태어나신 예수님에게 멀리 동방의 박사들이 값진 예물을 가지고 와서 경배하는 장면이 그려져 있는 거야. 그런데 누가는 예수님을 '왕'으로보다는 "가난한 자에게 복음을 전하는"(누가복음 4:18) 메시아로 보았거든. 그러니 그가 쓴 예수님의 출생기에 가난한 목자들이 맨 먼저 와서 구유에 누워 있는 아기 예수를 경배하는 모습이 그려져 있는 건 당연한 일 아니겠니?

자, 이렇게 예수님의 '출생기'가, 이야기를 하는 사람이 예수님을 어떻게 생각하는지, 예수님의 일생을 어떻게 해석하는지, 그 내용을 담고 있다면 오늘 읽은 이야기에는 어떤 뜻이 담겨 있을까? 이제부터 그걸 한번 살펴보기로 하자.

넘어지는 자, 일어서는 자

시므온이라는 노인이 아기 예수를 품에 안은 마리아에게, "이는 이스라엘 중 많은 사람을 패하거나 흥하게 하며 비방을 받는 표적이 되기 위하여 세움을 받았고 또 칼이 네 마음을 찌르듯 하리니 이는 여러 사람의 마음의 생각을 드러내려 함이니라" 하고 말했다는 것 아니니? 요약하면 세 가지가 되겠지. 첫째, 수많은 이스라엘 백성을 넘어뜨리기도 하고 일으키기도 할 것이다. 둘째, 많은 사람의 반대를 받을 것이다. 셋째, 그러나 그 반대자들의 속셈을 드러낼 것이다.

'출생기' 자체가 먼 훗날, 주인공이 일생을 마친 후에 그의 생애를 돌이켜보면서 이루어진 이야기로 주인공의 생애에 대한 화자(이야기하는 자)의 해석을 담은 이야기라면, 결국 누가가 이 짧은 세 마디 말로 예수님이 한평생 하신 일을 요약했다고 볼 수 있는 거야. 그러니까 말로는 시므온이 "이렇게 저렇게 하실 것이다" 하고 예언하는 투로 되어 있지만 실제로 누가가 말한 것은 예수님이 한평생 "이렇게 저렇게 하셨다"는 거지. 알아듣겠니?

_잘 모르겠어요. 그럼 시므온 할아버지가 하셨다는 말이 모두 나중에 꾸며진 말인가요?

꾸며진 말이냐고? 그건 알 수 없지. 누구도 시므온이 마리아를 만났다는 '사실'을, 세월을 거슬러 올라가 증명할 수는 없으니까. 물론 아니라고 증명할 수도 없고. 그러나 중요한 건 그것이 '사실'이냐 아니냐에 있지 않고 그 이야기 속에 담겨진 '진실'에 있어. 다시 말하면, 누가가 시므온의 말을 통해서 고백하는, 예수님에 대한 자신의 고백이 무엇이냐, 그리고 과연 그것이 예수님을 바로 이해한 것이냐가 중요한 문제라는 말이지. 우리가 성경에서 읽어내야 하는 것도 바로 그것이란다. 그래서 '말'을 버리고 '뜻'을 얻으라〔忘言得旨〕고 하는 거야.

아무튼, 잘 모르겠으면 모르겠는 대로 두고 이야기를 계속해보자.

우선 오늘 말씀을 보면, 시므온이 말하기를 "이는 이스라엘 중 많은 사람을 패하거나 흥하게 하며"라고 했는데 이게 무슨 말일까? 패한다는 말이 넘어진다는 뜻이고 흥한다는 말이 일어선다는 뜻이라면, 넘어진 이스라엘 백성은 누구고 일어선 이스라엘 백성은 누구야?

"예수님이 많은 사람을 패하게 하거나 흥하게 한다"는 말은 그분이 어떤 사람은 넘어지게 하고 어떤 사람은 일으키신다는 말인데, 그러면 넘어진 사람은 어떠했기에 넘어질 수 있지?

_서 있으니까.

그렇지! 서 있으니까 넘어질 수 있는 거야. 넘어져 있는 사람은 넘어질 수 없어. 그럼 반대로 일어선 사람은 어떠했던 사람이지?

_넘어져 있던 사람이요.

그래, 그러니까 예수님은 이스라엘 백성들 가운데 서 있던 사람은 넘어뜨리고 넘어져 있던 사람은 일으켜 세우셨다, 이런 말이야. 알겠니?

_예.

다시 말하면, 예수님은 모든 이스라엘 사람들에게 똑같이 해주시지는 않았다, 이런 말이지.

자, 그러면 예수님 당시에 어떤 사람이 '서 있는' 사람들이었을까? 대충 세 부류로 나눠 볼 수 있을 거야. 첫째는 왕권을 잡은 헤롯 같은 사람, 다음으로는 전문 종교인들, 그러니까 제사장이나 바리새인들, 서기관들, 사두개파들……. 자기 자리가 있어서 사는 데 걱정이 없고, 이렇게 버티고 서 있으니까 사람들이 모두 쳐다볼 거 아냐? 사회에서 어른 행세하는 사람들이지. 그리고 또 하나 있어. 돈 많은 사람들. 이런 사람들이 모두 그때에 '서 있는' 사람들이었어. 지금도 마찬가지지만. 그런데 예수님은 이런 사람들을 어떻게 하셨다고?

　_넘어지게…….

　그래, 그런 자들은 모두 넘어지게 하셨단 말이야. 헤롯보고 모두들 "임금님, 임금님" 할 때 예수님은 그를 뭐라고 부르셨는지 아니? "여우"라고 했어. 그들은 예수님한테 칭찬이나 좋은 소리를 들은 적이 없어. 부자가 천국에 들어가는 것보다 낙타가 바늘귀를 빠져 나가는 게 더 쉽다고 하셨으니까.

　_착한 부자도요?

　착하건 악하건 상관없이 부자는 천국에 못 간다고 하셨어. 그런데 그게 무슨 뜻이냐 하면, 재물이 많다고 해서 그것 하나만 보고 무조건 '부자'라고 하는 건 아니야. 재물이 얼마 있든 그것을 혼자서만 가지고 있는 사람, 그런 사람이 바로 예수님이 말씀하시는 부자야. 그러니까 봐라, 삭개오는 돈 많은 부자였지만 예수님을 만나서 자기 잘못을 깨닫고 재산을 나누어 가난한 이들에게 주겠다고 하니까 "네가 구원받았다"고 하시지 않니? 예수님이 말씀하시는 '부자'란 그러니까, 돈이 얼마 있든 그것을 저 혼자서 가지려고 하는 사람, 자기보다 더 어려운 사람에게 나눠주지 않는 사람을 말하는 거야. 그런 사람은 천국에 못 간다, 그런 사람이 천국에 들어가는 것보다 낙타가 바늘귀로 들어가는 게 더 쉽다, 이렇게 말씀하셨어. 왜냐하면 하나님 나라란 모든 것을 모두가 서로 나누며 사는 나라거든. 그 나라에서는 모두가 공(共)이야. 그런데 재물이든 권력이든 무엇이든 간에 혼자서 가지려고 하면 그런 사람이 있는 데는 하나님 나라가 있을 수 없지 않겠니? 없는 나라에 어떻게 갈 수 있겠어?

자, 아무튼 이렇게 예수님은 당시에 내로라하고 뻐기며 높은 자리에 우뚝 서서 많은 사람들이 우러러보아야 했던 자들을 모두 넘어뜨리셨다는 거야.

그리고 반대로 이번에는 어떤 사람들을 일으키신다고 했는데, 어떤 사람들을 일으키셨을까?

_넘어져 있는 사람들이요.

그렇지. 넘어져 있는 사람들을 예수님은 일으키셨어. 서 있는 사람은 일으킬 수가 없지! 그럼, 누가 넘어져 있는 사람일까?

_병든 사람이요.

그렇지! 병든 사람은 일어나서 돌아다닐 수가 없지. 또 어떤 사람?

_배고픈 사람.

그래, 배고픈 사람! 그러니까 돈도 없고 권력도 없는 사람이지. 또 어떤 사람?

_매 맞고 갇힌 사람.

그렇지. 매 맞고 갇혀 있는 사람은 다른 사람들한테 멸시를 받았겠지? 그런 사람들, 지금도 그런 사람들 많이 있어. 재물도 없고 배운 것도 없고 뒤에 든든한 배경도 없고……. 그런 사람들을 예수님은 넘어져 있는 자리에서 일으켜 세우신 거야.

특히 그런 사람들 가운데 두 부류의 사람을 더 넣어야 해. 누구냐 하면 여자와 어린이야. 그때 사람들은 여자와 어린이를 사람으로 취급하지 않았거든. 그러니까 사람은 사람인데 사람으로 대접받지 못하는 사람, 이런 사람이 넘어져 있는 사람들이야. 세리들도 당시 사람들한테 미움을 받았지. 돈 걷어 가니까. 걷어다가 로마에 바치니 이스라엘 사람들은 더 미워했어. 그런데 예수님은 바로 그런 사람들 곁에 가서서 그들의 동무가 되시고 그들을 일으켜 세우셨어.

그러니까 예수님은 평생, 서서 으스대는 사람들은 넘어지게 하고 또 쓰러져서 일어나지 못하는 사람들은 일으켜 세우시고, 이런 일을 하셨다, 그런 말이야.

사랑과 미움을 함께 받아

자, 예수님이 이렇게 어떤 사람들은 넘어뜨리시고 또 어떤 사람들은 일으켜 세우셨다면 자연히 예수님을 좋아한 사람들이 있고 그를 미워한 사람들이 있지 않았겠니? 누가 예수님을 좋아했을까?

＿넘어져 있던 사람들이요.

그렇지. 그때에 쓰러져 있던 사람들은 예수님이 일으켜 세워주시니까 좋아했겠지? 그런데 반대로 예수님을 미워하고 싫어한 사람들도 있었겠지? 그런 사람들은 누구였을까?

__서 있던 사람들.

그래, 가진 것 많고 힘도 있고 그래서 사람들 위에 이렇게 서서 우쭐대며 사람들을 지배하던 그런 자들이 예수님을 미워할 수밖에 없었겠지. 그러면 예수님은 모든 사람들한테 사랑을 받으신 분이라고 할 수 있을까?

__아니요.

아니고말고! 예수님을 사랑한 사람들도 있었지만 더 많은 사람들이 예수님을 미워하고 싫어했어. 왜 그랬느냐 하면, 예수님이 한쪽 편만 드셨거든. 말하자면 편파적이다, 이 말이야.

__그럼 예수님이 어떤 사람들은 사랑하지 않으셨나요? 예수님은 만인을 사랑했다는데…….

그렇지 않아. 예수님이 편파적이란 말은, 누구는 사랑하고 누구는 사랑하지 않으셨다는 말이 아니라, 모든 사람을 다 사랑하셨지만, 그 사랑하는 방법이 모두에게 똑같지는 않았다는 말이야. 예수님이 부자들을, 부자니까 사랑하지 않으셨다고는 할 수가 없지. 그렇지만 예수님이 그들을 사랑하신 방법은 가난한 자들을 사랑하신 방법과는 달랐어. 생각해봐라. 누가 여기 빵을 다섯 개 가져왔는데 다섯 사람이 있으니까 골고루 하나씩 주면 공평할 것 같지? 그런데 아버지는 종일 굶었고 너희는 세 끼를 다 먹었다고 해보자. 빵을 어떻게 나눠야 하겠니? 아버지는 배가 고프니까 두 개쯤 먹고 나머지를 너희들이 나눠 먹는 게 공평하지 않겠니? 배고픈 사람한테는 더 주고 배부른 사람한테는 덜 주는 게 하나님의 평등이야. 이

것이 사람들 눈에는 불평등으로 보일 수도 있겠지? 예수님이 젊은 부자한테 "재산을 모두 팔아 가난한 자에게 주라"고 말씀하신 것은 좀 지나친 것 같기도 하지만, 그렇게 말씀하시는 것이 그 '부자'를 사랑하는 유일한 방법이었거든.

이렇게 예수님은 당시에 힘 있는 사람들, 서 있는 사람들한테서는 미움을 받고, 가난한 사람들, 쓰러져 있는 사람들한테서는 사랑을 받으셨어. 똑같이 모든 사람의 사랑과 존경을 받으신 건 결코 아니야. 이 세상 모든 사람들한테서 칭찬을 듣는 사람은 올바르게 사는 사람이 아니란다. 옛날 자공(子貢)이 스승인 공자에게 묻기를, "어떤 사람을 마을 사람들이 모두 좋다고 한다면 어떠하겠습니까?" 하니 공자 대답이 "안 된다" 하셨대. 그래서 이번에는 "마을 사람들이 모두 미워한다면 어떠하겠습니까?" 하고 물으니 "안 된다. 마을 사람들 가운데서 착한 사람이 그를 좋아하고 악한 사람이 그를 미워하는 것만 같지 못하다"고 대답하셨다는 얘기가 있어.〔『논어』, 자로(子路) 제13장〕

들어봐라. 히틀러처럼 고약한 독재자가 어느 목사를 보고 "이 분은 훌륭하신 분이다" 하고 칭찬한다면 그 목사가 과연 훌륭한 목사겠니? 그럴 수는 없어. 그래서 예수님은 '많은 사람의 반대를 받는 표적'이 되신 거야. 누가 예수님을 반대했지? 그래, 당시의 내로라하던 자들, 그러니까 정치·종교·경제의 온갖 특권을 누리던 자들이 모두 예수님을 미워하고 반대했지.

왜 미워했을까? 예수님이 그들을 쓰러뜨리셨거든. 어떻게 쓰러뜨렸느냐 하면, 이게 아주 중요한데, 무슨 요술을 부리거나 군대를 시켜서 쓰러뜨린 게 아니라 그들의 정체를 만천하에 드러내심으로써 쓰러뜨리셨어.

겉으로는 아주 그럴 듯하게 차리고, 말이나 행실도 번드르르 꾸미지만 그 속생각이 얼마나 시커멓고 더럽고 비뚤어져 있는지를 환히 밝히셨지. 어둠이란 아무리 오래된 것이라 해도 성냥불 하나 앞에서 맥을 못 추고 사라지지 않니?

옛말에, "등불 하나가 천 년 어둠을 사라지게 하고, 한 번 깨달음이 만 년 어리석음을 지운다〔一燈能除千年暗, 一智能滅萬年愚〕"는 말이 있는데 예수님이 바로 그 천 년 어둠을 한순간에 밝히는 빛이셨거든.

그런데 얘들아, 끝으로 한 가지 더 중요한 얘기가 있구나.

우리가 두 눈 똑바로 뜨고 보아야 할 것은 예수님이 지신 '십자가'가 아니라, 십자가를 지실 수밖에 없도록 살아가신 그분의 '삶'이야. 많은 사람의 반대를 받는 표적이 되셨다는 사실보다 더 중요한 건, 왜 그분이 많은 사람, 그러니까 예나 이제나 스스로 잘난 척하고 높은 자리에 우뚝 서서 으스대고 있는 저 많은 특권층한테서 미움과 반대를 받을 수밖에 없었는가 하는 거야. 도대체 어떻게 사셨기에 그리고 도대체 무슨 말을 하고 무슨 행동을 하셨기에 그들의 미움을 샀는지, 그 점을 우리는 눈여겨보고 우리도 그렇게 살고자 애써야 해.

만일 우리가 예수님이 사셨듯이 산다면 그분이 미움과 사랑을 함께 받으셨듯이 우리도 한편으로는 사랑을 받고 또 한편으로는 미움을 받게 되겠지? 세상의 어둡고 악하고 그릇된 세력의 미움을 받지 않는 교회, 목사, 신도는 아직 예수님이 사셨던 그 삶을 살지 못하고 있음을 스스로 증명하는 거야.

마귀를 쫓아내며 병을 고쳐주고

우리가 예수님의 이름을 부른다는 것은 그분이 남기신 삶
의 발자국을 보고 그것을 따른다는 뜻이야. 바로 여기에
우리가 예수님의 이름을 부르는 목적이 있는 거란다.

❦

예수님처럼 살 수 있을까?

너희들 '공수래공수거'라는 말 들어봤지? 무슨 말인지 아니?

_빈손으로 왔다가 빈손으로 간다는 말 아니에요?

그래, 사람은 모두 태어날 때 알몸으로 태어났다가 죽을 때도 알몸으로 죽는다는 말이야. 그러니까 이 말은 살아 있는 동안 뭘 좀더 가지려고 아등바등 애를 써봐야 말짱 헛것이니 너무 욕심 부리지 말라는, 그런 뜻이지. 맞는 말이야. 그렇지만 이 말은 사람의 몸뚱이만 놓고 볼 때 그렇다는 거지 '사람' 자체가 그냥 왔다가 그냥 간다는 말은 아니란다. 말하자면 인생이 처음부터 그저 우연히 생겼다가 물거품처럼 꺼져버린다는, 그런 말이 아니야. 호랑이는 죽어서 가죽을 남기고, 사람은 죽어서 무엇을 남긴다고 했지?

  _이름이요.

  그렇지. 여기서 말하는 이름이란 우리 모두가 가지고 있는 성명 삼자(三字)를 말하는 게 아니라 그 사람이 무슨 일을 어떻게 했는지, 그가 살았을 때 어떤 사람이었는지, 말하자면 그가 남긴 삶의 발자국이 어떠한 것인지 사람들이 잊지 않고 기억하는 것을 말하는 거야.

  그렇다면 우리가 예수님의 이름을 기억한다는 말은 그분이 살아 계신 동안 무슨 일을 어떻게 하셨는지, 그것을 기억한다는 말이겠지? 다시 말하면, 우리가 예수님의 이름을 부른다는 것은 그분이 남기신 삶의 발자국을 보고 그것을 따른다는 뜻이야. 바로 여기에 우리가 예수님의 이름을 부르는 목적이 있는 거란다. 그냥 입으로만 "주여, 주여" 하고 부르는 것은 아무 소용이 없어. 그래서 예수님도 살아 계신 동안에 몸소 말씀하셨지 않니? 누가 마태복음 7장 21절을 읽어볼래?

  _나더러 주여, 주여 하는 자마다 다 천국에 들어갈 것이 아니요 다만 하늘에 계신 내 아버지의 뜻대로 행하는 자라야 들어가리라

  그러니 우리가 예수님의 이름을 골백번 부른다 해도 입으로만 부른다면 소용없는 거야. 그것 가지고는 하늘나라에 들어가지 못하고, 어떻게 하는 사람이라야 들어간다고 했지?

  _하늘에 계신 내 아버지의 뜻대로 행하는 자라야…….

  맞았어. 하늘에 계신 아버지의 뜻대로 행하는 자라야 들어간다고 했지. 그럼, 하늘 아버지의 뜻을 실천하는 사람이란 어떻게 사는 사람일까?

  _…….

너희들, 이 세상에 살았던 사람 가운데 누가 하늘 아버지의 뜻을 가장 잘 실천했다고 생각하니?

＿예수님이지요.

그래, 성경은 그렇게 말하고 있어. 예수님은 자기 뜻을 펼치려고 이 세상에 오신 분이 아니라 아버지의 뜻을 이루려고 오신 분이야. 당신이 몸소 그렇게 말씀하셨지. 요한복음 5장 30절을 읽어봐.

＿내가 아무 것도 스스로 할 수 없노라 듣는 대로 심판하노니 나는 나의 뜻대로 하려 하지 않고 나를 보내신 이의 뜻대로 하려 하므로 내 심판은 의로우니라

내가 이루고자 하는 것은 내 뜻이 아니라 누구의 뜻이라고?

＿나를 보내신 이의……

'나를 보내신 이'는 누구지? 하늘에 계신 아버지, 바로 그분이지. 그러니까 누구든지 하늘나라에 들어가려면 예수님이 사셨듯이 그렇게 살아야 한다는 말이 되는 거야.

자, 너희들 예수님처럼 살 수 있겠니?

＿못 해요.

왜 못 하지?

＿글쎄, 그건…….

아니야. 할 수 있어. 할 수 있으니까 하라고 말하는 거야. 모든 명령문 안에는 서술문이 들어 있어. 무슨 말이냐 하면, 내가 기림이한테 "기림이, 밥 먹어라" 하고 말할 수 있는 것은 "기림이는 밥을 먹는다, 또는 먹을 수 있다"는 말이 가능하기 때문이야. 만일 "기림이, 석유 먹어라" 하고 명령

한다면, 그런 명령이 있을 수 있겠니? 없지! 왜? "기림이는 석유를 먹는다, 또는 먹을 수 있다"고 말할 수 없기 때문이지. 그러니까 모든 명령이 명령일 수 있는 것은 그렇게 할 수 있기 때문인 거야. 할 수 없는 일이라면 시키는 쪽이 잘못이지. 아담보고 선악과를 따먹지 말라고 하신 것은 따먹을 수도 있고, 먹지 않을 수도 있기 때문에 그런 명령을 내리신 거야. 알겠니? 그러니까 예수님이 "나를 따르라"고 말씀하신 것은 내가 가는 '곳'을 졸졸 따라다니라는 말이 아니라 내가 살아가듯이 살아가라는 말인데, 그렇게 살아갈 수 있기 때문에 그렇게 살라고 하신 거야. 그러니까 예수님처럼 살 수 없다는 말은 잘못된 말이지! 안 그래?

　_그렇지만 우리가 어떻게 예수님처럼 살아요?

　'예수님처럼'이란 말을 잘 알아들어야 해. 만일 그 말을 '예수님이 한 것을 그대로 똑같이'란 말로 알아듣는다면, 그건 이 세상에 사는 어느 누구도 할 수 없어. 예수님은 딱 한 분뿐이니까. 여기 있는 슬기가 온 세상 통틀어 봐도 단 한 사람밖에 없는 것과 마찬가지지. 수학에서 말하는 합동이라는 것 있지? 아무도 예수님과 합동을 이룰 순 없어. 그렇지만 닮은꼴이라는 건 어떠니? 닮은꼴은 얼마든지 있을 수 있지? 예수님처럼 살라는 말은 그분의 삶과 합동을 이루라는 말이 아니라 닮은꼴로 살라는 말이야. 지름의 길이가 3킬로미터인 원도 원이고 3밀리미터인 원도 원이지? 그러니까 우리 모두 '예수님처럼' 살 수가 있는 거야. 살 수 있으니까 살라는 거지, 살 수 없는 거라면 어떻게 살라고 했겠니?

예수가 하신 일은 무엇?

그러면 이제부터 예수님이 이 세상을 어떻게 사셨는지 알아보아야겠지? 그래야 그분처럼 그분을 따라서, 닮은꼴로 살 수 있을 테니까.

지난 시간에, 누가는 예수님의 한평생을 정리해서 어떤 삶이라고 했더라? 그렇지. 많은 이스라엘 사람들을 넘어뜨리기도 하고 일으켜 세우기도 하고, 또 세상의 미움을 받지만 끝내 그들의 감춰진 정체를 드러내셨다고 했지. 그래, 그것이 예수님의 일생을 본 많은 사람들의 설명이야.

그렇다면 이번에는 예수님 자신이 당신 입으로 나는 무엇을 하러 왔고 내가 하는 일은 무엇이다, 하고 말씀하셨는지 알아볼 필요가 있겠지? 아까 읽은 대로 물론 예수님은 '하늘에 계신 아버지 뜻'을 이루려고 오신 분이고, 그가 한평생 하신 일도 아버지의 뜻을 실현한 것이지만, 그게 구체적으로 말해서 '무슨 일을 어떻게 하는 것'이냔 말이야.

이 질문에 대한 답을 알아보기 위하여 누가복음 13장 31~33절을 읽어보자.

_곧 그 때에 어떤 바리새인들이 나아와서 이르되 나가서 여기를 떠나소서 헤롯이 당신을 죽이고자 하나이다 이르시되 너희는 가서 저 여우에게 이르되 오늘과 내일은 내가 귀신을 쫓아내며 병을 고치다가 제삼일에는 완전하여지리라 하라 그러나 오늘과 내일과 모레는 내가 갈 길을 가야 하리니 선지자가 예루살렘 밖에서는 죽는 법이 없느니라

예수님이 '오늘도 내일도 그 다음 날도 계속해서' 가야 할 '내 길'이라

고 하신 것이 무엇을 어떻게 하는 것이지?

＿마귀를 쫓아내며 병을 고쳐주는 거요.

그래, 맞았다. 마귀를 쫓아내며 병을 고쳐주는 일, 이것이 예수님의 평생 사업이었다는 말이야.

마귀를 쫓아낸다니? 그게 무슨 말일까? '쫓아낸다'는 말은 안에 있는 걸 밖으로 몰아낸다는 말이야. 그것도 무슨 타협이나 흥정을 해서가 아니라 힘으로 강제로 밀어내는 거지. 마귀가 뭐냐고는 묻지 마라. 그걸 묻다 보면 잘 나가다가 엉뚱한 데로 빠지는 수가 있어. 왜냐하면 마귀의 정체는 하나님의 정체처럼 우리의 머리로는 알 수가 없는 신비한 것이기 때문이야. 우리나라 민속에 마을이나 집안으로 귀신이 들어오지 못하게 체를 걸어두는 습속이 있지. 귀신은 뭐든지 헤아리는 것을 좋아해서 체의 칸을 하나 둘 헤아리다가 그만 날이 새는 바람에 들어오지 못하고 물러간다는 거야. 마찬가지로, 우리가 마귀의 정체를 알아보려고 이리저리 궁리를 하다 보면 정작에 마귀하고 싸워야 할 임무를 제대로 감당할 수 없게 되지 않겠니? 그래서 부처님도 비유로 이렇게 말씀하셨어. "어떤 사람이 독화살에 맞았는데 너희는 어찌 해야 하겠느냐? 우선 그 몸을 고치는 일에 매달리지 않고 독화살을 누가 쏘았으며 독화살의 정체가 무엇인지 그것부터 연구하자면 결국 화살 맞은 사람은 죽고 말 것이다."

마귀에 대한 우리의 자세도 그렇단다. 먼저 할 일은 그놈과 싸울 일이지 그놈의 정체가 무엇인지 이리저리 궁리하는 게 아니야.

＿그렇지만 상대를 알아야 싸울 거 아녜요?

그건 그렇지. 물론 그래. 손자병법에도 "적을 알고 나를 알면 백 번 싸위도 위태롭지 않다"고 했으니까. 그렇지만 여기서 "상대를 안다"는 말은 상대의 드러나는 모양을 안다는 것이지 그 속속들이 저 자신도 모르는 정체를 안다는 건 아니야. 소리야, 너는 사람이지? 분명히 사람이지? 너는 네가 사람이라는 사실을 아니, 모르니?

　__알아요.

　그러면 사람이 무엇이지? 그건 아니?

　__…….

　사람이 무엇인지, 그 신비한 정체를 죄다 아는 사람은 없어. 소크라테스도 평생 "너 자신을 알라"는 말에 매달려 씨름했지만 그가 알아낸 것은 결국, '나는 나를 모른다는 사실' 뿐이었지. 그러니까 우리는 사람에 대해서 알면서도 모르는 거야. 마귀에 대해서도 마찬가지란다. 우리가 마귀에 대해서 아무것도 모르는 건 아니야. 내가 짐승이나 바위가 아니라 사람이라는 사실을 알듯이 마귀가 마귀인 줄은 누구나 알게 돼 있거든. 마귀는 좋은 놈이냐? 나쁜 놈이냐?

　__나쁜 놈이지요.

　누구한테?

　__사람한테요.

　왜 나쁘지?

　__나쁜 짓을 하니까요.

　그 '나쁜 짓'이라는 게 뭘 어떻게 하는 거지?

　__못살게 구는 거요.

　__괴롭히는 거요.

성경을 찾아보자. 도대체 마귀란 놈이 사람한테 무슨 나쁜 짓을 하는지. 누가복음 8장 27절을 읽어보겠니?

＿예수께서 육지에 내리시매 그 도시 사람으로서 귀신 들린 자 하나가 예수를 만나니 그 사람은 오래 옷을 입지 아니하며 집에 거하지도 아니하고 무덤 사이에 거하는 자라

마귀가 들렸다는 말은 마귀가 사람 속으로 들어가서 그 사람을 차지했다는 말이야. 그 후 그 사람은 어떻게 됐지? 다른 사람들과 어울려서 살아갈 수 없게 됐지. 왜? 그 사람이 더는 제정신으로 살 수 없었으니까. 이렇게 마귀는 사람의 정신을 빼앗아버리고 다른 사람들과 어울려 살지 못하게 한단다. 개인과 공동체의 삶을 함께 파괴하는 거야. 사람으로 하여금 제정신을 잃게 하고 그래서 다른 사람들하고 어우러져 살지 못하게 해 마침내 무덤 사이에서 살게 하는 '힘', 보이지 않는 힘! 그게 바로 마귀야. 무덤에는 무엇이 있니?

＿시체요.

그래, 시체와 시체 사이에서 사는 것은 무엇이지?

＿시체지요.

맞았어. 그러니까 마귀 들린 사람은 사람이지만 사람이 아니고, 살아있지만 살아 있는 게 아니지. 멀쩡한 정신으로 잘 살고 있는 사람한테 들어가서 그를 산송장으로 만드는 힘! 그걸 우리는 마귀라고 하는 거야. 이 마귀는 어디나 있고 온갖 모양을 다 하고 있단다.

화목하게 잘 지내던 형제가 돈 때문에 서로 싸우고 해치게 됐다면 그 돈이 바로 마귀인 거야. 한 나라를 이루어 서로 의좋게 살던 민족이 무슨

무슨 이데올로기라는 것 때문에 서로 다투게 되고 다투다가 갈라서고 갈라서서 마침내 죽고 죽이는 전쟁을 하게 된다면, 바로 그 이데올로기란 놈이 마귀의 다른 모습인 거야. 알아듣겠니?

마귀란 놈은 반드시 밖에서 사람 안으로 들어와 나쁜 짓을 한단다. 이렇게 밖에서 안으로 들어오는 힘을 '바깥 힘' 그러니까 흔히 '외세(外勢)'라고 하지. 우리나라가 이렇게 반쪽으로 나뉘어 서로 미워하고 싸우게 된 것도 고약한 외세가 멋대로 들어와 나쁜 짓을 했기 때문이야. 그러니까 우리가 예수님을 따라서 살고자 한다면 온갖 못된 외세를 몰아내는 일에 한 몫을 거들어야 하겠지? 그게 바로 예수님이 하신 일이고, 하시는 일이며, 하실 일이니까.

＿외세라고 해서 다 나쁜 건 아니잖아요? 따지고 보면 그리스도도 외세인데⋯⋯.

물론이지. 밖에서 들어오는 힘이라고 해서 죄다 마귀의 힘이라고는 할 수 없지. 그렇지만 밖에서 들어온 힘이 마귀의 힘인지 아닌지는 금방 알 수 있어. 그 힘이 들어와서 사람을 사람답게 살도록 돕는다면 마귀의 힘이 아닌 것이고 사람답게 살 수 없도록 한다면 그건 틀림없이 마귀의 힘인 게야. 그래서 예수님도 "그 열매를 보아 나무를 아느니라"(마태복음 12:33)고 하시지 않았니?

오늘은 시간이 없어서 길게 설명할 수 없다만, 예수님이 '내쫓으신' 마귀를 개인 개인에게 들어왔다 나갔다 하는 무슨 귀신인 줄로만 알면 그건 오해야. 물론 개인에게 들어간 나쁜 바깥 힘(外勢)도 마귀지만, 한 사회나 국가 공동체에 들어가서 서로 싸우고 갈라서고 미워하며 마침내 함께 어우러져 살아가지 못하게 하는 모든 힘이 다 마귀란다. 예수님은 바로 그 마귀를 쫓아내는 일에 '오늘도 내일도 그 다음 날도' 바치셨던 거야.

다음으로, 예수님은 마귀를 쫓아내는 일과 함께 또 무엇을 하셨지?

＿병을 고쳐주셨어요.

그래, 병을 고치셨지. 병이란 뭐니? 마귀와 마찬가지로 사람을 괴롭히고 죽게 하는 힘이지. 그 점은 같지만 마귀가 바깥에서 들어오는 힘인 데 반하여 병은 사람 몸 안에서 사람을 못 살게 하는 나쁜 힘이야. 모든 병이 사람 몸 안에 있지 않니? 그러니까 예수님이 마귀를 쫓아내고 병을 고치셨다는 말은 사람을 괴롭히고 죽게 하는 안팎의 모든 나쁜 힘과 싸우셨다는, 그런 말이 되는 거지. 여기서 말하는 '사람'도 개인만을 말하는 건 아니란다. 개인은 물론이요, 사람과 사람이 어우러져 살아가는 사회, 민족, 나라 그리고 이 세계를 다 말하는 거야.

아까 반으로 나뉘어 싸우게 된 우리나라 얘기를 잠깐 했지만, 그렇게 된 것이 순전히 외세 때문만은 아니거든. 아무리 바깥에서 닥쳐오는 힘이 있어도, 안에서 거기에 맞장구치는 힘이 없었더라면 나라가 반동강 나서 서로 죽이고 죽는 데까지는 가지 않았을 거야. 나쁜 바깥 힘에 손발을 맞추어 안에서 형제끼리 서로 물고 뜯으며 싸우게 된 것은 우리 민족이 속으로 병들어 있었기 때문이지. 자기만 생각하고, 자기만 옳다고 고집하는, 모든 일을 자기중심으로 처리하려는 마음이 바로 그 병균이야.

우리 몸은 속에서 모든 기관이 서로 잘 도와주고 도움을 받아야 건강하게끔 되어 있는데, 바로 이 관계를 중간에서 가로막아 몸속의 각 기관이 서로 섬기는 일을 제대로 못하게 하는 것이 병이란다. 그래서 파울 틸

리히(Paul J. Tillich)라는 신학자는 병을 '서로 떨어짐(alienation)'이라고 했고, 병 고침을 '서로 하나 됨(unification)'이라고 했지. 그리고 그리스도교가 말하는 구원이란 '병 고침(healing)'과 같다고 했어. 이 병을 다른 말로 하면 '죄(sin)'라는 거야. 죄는 아담이 선악과를 먹고 나서 하나님과 떨어지고 이웃 사람과 등지고 자기 자신과 헤어지게(자기분열) 된 거지. 예수님은 이 죄, 곧 하나님, 이웃, 자기 자신과 떨어져버린 상태를 다시 이어주신 '치유자'라는 게 틸리히의 설명이야.

이제 오늘 얘기를 마감하기로 하자. 예수님이 세상에 오셔서 하신 일은 하늘에 계신 아버지의 뜻을 그대로 실천하는 것이었는데 그게 다름 아닌, 마귀를 쫓아내고 병을 고치는 것이었다는 얘기였지? 마귀와 병이란 사람을 사람답게 살 수 없도록 하나님, 이웃, 자기 자신과 서로 등지고 갈라서고 마침내 싸우게 하는 안팎의 나쁜 힘인데, 우리가 예수님을 믿고 따르는 사람이라면 오늘도 우리를 안팎에서 괴롭히는 그 나쁜 힘을 물리치고 내쫓는 일에 한몫 거들어야 하는 거야. 이만하면 오늘 이 분단된 조국에 사는 모든 그리스도인들이 왜 민족의 통일을 위해 일해야만 하는지 알겠지? 민족의 통일뿐만 아니라, 나아가서 우리는, 온 세계 사람이 서로 얼굴도 역사도 생각도 신앙도 다르지만, 우리 몸의 모든 기관이 각각 다르면서도 서로 돕고 도움을 받으며 건강하게 살아가듯이, 서로서로 섬기면서 살아가는 그런 세상을 이루고자 우리가 할 수 있는 모든 선한 수단을 다 동원해야 해. 그 일을 하라고 예수님은 우리를 불러 "나를 따르라"고 말씀하시는 거야.

다섯 번째 강의

마땅한 일을 마땅한 방법으로

_유혹받으시는 예수(1)

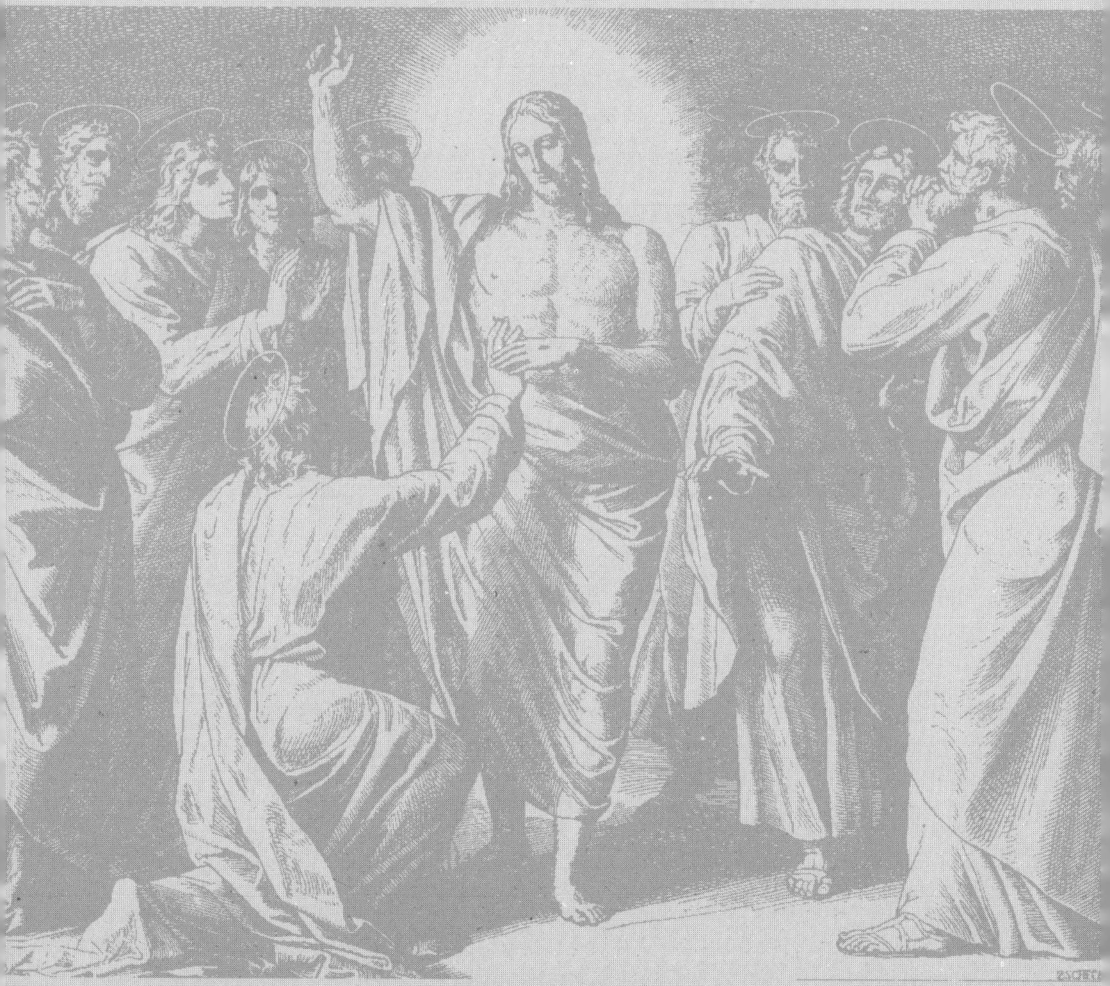

그래, 빛을 등지지 않고서는 자기 그림자를 밟을 수도 없
고 볼 수도 없지. 이 말을 거꾸로 하면, 빛을 향한 자에게
는 그림자가 있지만 없는 것과 같다는 말이 되겠지?

　　　　　　사람이 살아간다는 건 곧 일한다는 것이
야. 일이 곧 삶이지. 그래서 에스키모의 어느 부족에서는 사람이 늙어 일
을 할 수 없게 되면 곰한테 내주어 잡아먹히게 한다더라. 좀 끔찍하기는
하지만 그만큼 '일'과 '삶'을 똑같이 여긴다는 얘기겠지.

　물론 여기에서 말하는 '일'이 공장이나 밭에서 하는 '노동'만을 뜻하는
것은 아니야. 병원에 꼼짝없이 누워 있는 환자도 마찬가지로 일하고 있는
거란다. 병과 싸우는 것도 훌륭한 '일'이니까. 일이 곧 삶이란 말은 그러
니까, 사람은 목숨이 붙어 있는 한 무엇인가를 해야 한다는 말이야. 따라
서 안식일에 모든 일을 중단하고 쉬는 것도 역시 한 가지 일이지. 죽지 않
는 한, 사람이 '일'에서 떠날 수는 없는 거야. 안식일에 일한다고 해서 유
대인들이 예수님을 비난했을 때 그분은, "내 아버지께서 이제까지 일하시
니 나도 일한다"고 대답하셨어. (요한복음 5:17)

그런데 이 피할 수 없는 '일'이란 게 그리 간단한 문제가 아니란다. 그 것이 어떤(무슨) 일이며, 또 그 일을 어떻게 하느냐, 이것이 일하는 사람의 모든 것을 결정하거든. 그가 하는 일이라는 게 남의 물건을 훔치는 일이라면 그는 도둑이 되는 거야. 다른 사람을 가르치는 일이라면 선생이 되겠지. 가르치되 남의 주머니를 몰래 터는 방법을 가르친다면 그건 도둑 선생이 아니겠니?

그래서 우리는 끊임없이 어떤(무슨) 일을 어떻게 할 것인가, 묻고 또 물으며 살아야 하는 거란다. 바로 이 물음에 올바른 답을 얻으려고 이렇게 성경도 읽고 또 학교에도 다니고 하는 거야. 만일 이 물음에 바른 답을 주지 못한다면 종교나 철학이나 예술 또는 문학 따위가 있을 까닭이 없어. 어떤(what) 일을 어떻게(how) 할 것인가? 이를 알고자 우리는 사람이란 무엇인가를 연구하기도 하고(인간학), 자연의 법칙을 캐어보기도 하고(자연과학), 사회와 역사를 공부하기도 하며(사회과학), 나아가서 종교를 신봉하고 신(神)에 대한 학문까지 하는 거야. 성경을 공부하는 목적도 성경에 관한 지식을 많이 쌓는 데 있지 않고, 결국은 자기 자신을 바로 알고 나아가 바르게 살아가는 길을 찾으려는 데 있음을 잊어서는 안 돼. 옛날(18세기) 폴란드에 메나헴 멘들(Menahem Mendel)이라는 랍비(유대교의 스승)가 살았는데, 한번은 어느 유식한 사람이 그를 찾아와서 이야기를 나누게 되었더란다. 랍비가 그에게 묻기를, "자네는 그동안 무엇을 하였나?"하니 그가 대답했지. "『탈무드』를 처음부터 끝까지 세 번 읽었습니다." 『탈무드』를 세 번 읽었다면 그건 엄청난 독서를 한 거야. 그런데 칭찬할 줄 알았던 스승이 다시 묻기를 "좋아, 그러면 탈무드는 자네를 몇 번 읽었나?" 하더래.

코츠커라고도 불리는 그 랍비는 사람들이 성경을 공부한답시고 떠들면서 그저 나비처럼 거룩한 책 위로 이리저리 날아다니기만 하는 것이 못마땅했던 거야. 성경을 골백번 읽으면 뭐 하니? 그것을 읽는 사람이 달라져야지. 공부하는 목적은 지식을 쌓는 데 있지 않고 사람이 마땅한 일을 찾아 마땅하게 할 수 있도록 하는 데 있는 거야. 우리가 비록 하나님에 대하여 많이 안다고 해도, 아무리 많이 알아도 여전히 아는 부분보다는 모르는 부분이 더 많겠지만, 그 앎이 우리의 삶에 아무런 힘도 미치지 못한다면 무슨 소용이 있겠니? 그런 앎은 쓸데없을 뿐 아니라 사람을 해치는 수도 있단다. 아니, 그런 것은 '앎'이라고 할 수도 없어. 아는 것은 곧 하는 것이라고 주장한 왕양명(王陽明)은 이런 예를 들었지.

> 여기 냄새나는 똥이 있다고 하자. 쿠린내를 맡고 그것이 똥임을 안(知) 사람은 이미 코를 막거나 돌아서거나 삽으로 그것을 치우거나(行) 했을 것이다. 똥을 보고 그냥 가만히 있는 사람은 똥을 보았으나 보지 못한 것이다. 함(行)이 없는 앎(知)은 따라서 앎이 아니다.

어차피 삶이 곧 일인 이상, '어떤(무슨) 일을 어떻게 할 것인가'는 죽는 순간까지 되묻고 되물어야 할 우리 모두의 물음인 게야.

물론 그 일은 마땅한 일이어야 하고 그 방법 또한 마땅한 방법이어야 하겠지. 율곡(栗谷) 선생님은 학문을 처음 시작하는 학생들에게 주는 글 「격몽요결서(擊蒙要訣序)」에서 이렇게 말씀하셨어.

사람이 이 세상을 삶에 학문을 하지 않으면 사람이 될 수 없으니 이른바 학문이라 하는 것은 또한 이상하고 별난 어떤 것이 아니다. 다만 아비가 되어서는 마땅히 자애롭고, 자식이 되어서는 마땅히 어버이를 섬기고, 신하가 되어서는 마땅히 충성하고……, 벗이 되어서는 마땅히 믿음직함이니, 날마다 쓰고 움직이고 가만히 있는 사이에 일을 좇아 각기 그 마땅함을 얻는 데 있을 따름〔隨事各得其當而已〕이다.

요컨대 학문이란 언제 어디서나 '당(當)'이라는 글자 하나를 얻는 것이라는 말인데, 이 당(當)자는 '마땅할' 당으로 읽기도 하고 '마땅히' 당으로 읽기도 한단다. 형용사도 되고 부사도 되는 거지. 그러니까 학문이란 결국 마땅한 일을 마땅하게 하는 것을 배우는 것이라는, 그런 말이야. 아무리 마땅한 일이라고 해도 그 일을 하는 방법까지 마땅하지 않으면 안 되는 이유가 바로 여기에 있는 거야.

유혹을 받으신 예수

이럭저럭 말이 좀 잔소리처럼 길어졌다만, 요즘 너희가 학교나 교회에서 배우는 것이 진짜 학문(學問)하는 것과는 거리가 먼 듯해서 몇 마디 덧붙였구나. 자, 그럼 오늘 함께 생각해볼 본문으로 들어가 보자. 누가 읽겠니? 누가복음 4장 1∼13절이다.

＿예수께서 성령의 충만함을 입어 요단 강에서 돌아오사 광야에서 사

십 일 동안 성령에게 이끌리시며 마귀에게 시험을 받으시더라 이 모든 날
에 아무 것도 잡수시지 아니하시니 날 수가 다하매 주리신지라 마귀가 이
르되 네가 만일 하나님의 아들이어든 이 돌들에게 명하여 떡이 되게 하라
예수께서 대답하시되 기록된 바 사람이 떡으로만 살 것이 아니라 하였느
니라 마귀가 또……

아니, 됐어. 우선 거기까지만 읽고 그 다음은 나중에 읽기로 하자. 내
가 이야기를 하기 전에 혹시 방금 읽은 대목에서 의심나는 게 있으면 말
해보겠니?

__성령의 인도로 광야에 가셔서 사십 일 동안 마귀에게 유혹을 받으셨다
고 했는데, 그럼 성령이 마귀를 시켜서 예수님을 유혹하게 하신 건가요?

좋은 질문을 했구나. 바람이 불면 바람 소리가 들리지? 그런데 바람 소
리는 장소에 따라서 다르게 들리는 걸 알고 있겠지? 왜 그럴까? 바람 소
리라는 것이 따로 없고, 이동하는 공기(바람)가 사물에 부딪혀서 나는 소
리가 그 소리이기 때문이야. 바람 자체만으로는 소리를 낼 수 없거든. 그
러니까 엄밀하게 말하면 '바람 소리'라고 할 만한 소리는 이 세상에 없지.
굳이 말한다면 '바람(이동하는 공기)이 사물에 부딪혀서 나는 소리'라고
해야지.

빛과 그림자도 그래. 깜깜한 밤에는 그림자라는 게 없어. 빛이 없으니
까 없는 거지. 그러면 빛이 그림자를 만드는 걸까? 빛이 있어서 그림자가
생기는 건 사실이지만 빛이 혼자서 그림자를 만들 수는 없지 않겠니? 무
엇인가가 있어서 빛을 가로막기 때문에 그림자가 생기는 거야. 저기 마당
에 드리워진 나무 그림자를 봐. 햇빛이 없다면 저 그림자는 없겠지? 또 나

무가 없어도 역시 그림자는 없겠지. 그렇다면 저 그림자는 햇빛이 만든 것일까? 아니면 나무가 만든 것일까? 빛과 나무 어느 한 쪽이 그림자를 제 혼자서 만들 수는 없는 일이고…… 그러니 빛과 나무가 함께 만들었다고 해야겠지?

예를 제대로 들었는지는 모르겠다만, 성령과 마귀를 햇빛과 그림자로 생각해보는 것도 재미있겠다. 마귀를 성령이라는 빛과 인간이라는 나무가 함께 만들어내는 그림자로 보는 거지. 바람이 대숲을 스치면서 내는 소리하고도 비슷한 거야. 성령이라는 바람이 있고 인간이라는 대나무가 있어서 소리가 나는 것이라면, 또 그것을 '바람 소리'라고 말할 수 있다면, 네 말대로 성령이 유혹을 한 셈이라고 말할 수도 있겠지. 그러나 바람 자체가 혼자서 소리를 낼 수 없고 빛이 혼자서 그림자를 만들 수 없듯이, 성령이 스스로 사람을 유혹할 수는 없는 일이야. 그래서 야고보 사도는 분명히 말했지.

> 사람이 시험을 받을 때 내가 하나님께 시험을 받는다 하지 말지니 하나님은 악에게 시험을 받지도 아니하시고 친히 아무도 시험하지 아니하시느니라 오직 각 사람이 시험을 받는 것은 자기 욕심에 끌려 미혹됨이니(야고보서 1:13~14)

이 말씀은, 나무가 자기 그림자를 보고 "이 그림자는 나 때문에 생긴 것이 아니라 저 빛 때문에 생긴 거야. 빛이 그림자를 만들었어" 하고 말해서는 안 된다는, 그런 말씀으로 알아들어야 해. 나아가서 "이 그림자는 나무인 나 때문에, 빛을 그대로 통과시키지 못하는 나의 욕심 때문에 생긴 것입니다" 하고 말하라는 것 아니겠니? 그렇지만 나무 혼자서 그림자를 만들 수 없듯이, 만일 빛과 같은 성령이 없었다면 아무도 예수님을(사람을) 유혹할 수 없었을 거야. 그래서 누가복음을 쓴 사람은 "성령에게 이끌리시며 마귀에게 시험을 받으시더라"고 기록한 것이란다. 이해가 되니?

　__글쎄, 잘 모르겠어요. 알쏭달쏭한 게…….

　됐다. 본디 진리라는 것이 그래! 우리의 머리로 확실하게 파악되는 것이 사실은 수상쩍은 것이지. 진리에 대해서 우리가 할 수 있는 유일한 말은 '그것을 알았다'가 아니라 '그것을 향하여 나아갈 뿐이다'란다. 그러니까 중요한 것은 언제나 우리가 어느 쪽을 향하고 있느냐, 하는 그 방향성(方向性, orientation)이야.

　너희들 혹시 그림자밟기라는 놀이 해봤니? 남의 그림자 말고 자기 그림자를 밟으려면 어떻게 해야 하지? 그래, 빛을 등지지 않고서는 자기 그림자를 밟을 수도 없고 볼 수도 없지. 이 말을 거꾸로 하면, 빛을 향한 자에게는 그림자가 있지만 없는 것과 같다는 말이 되겠지?

　예수님이 그러셨어. 그분은 언제 어디서나 오직 빛이신 하나님만 바라보았기 때문에, 숱한 유혹을 당하면서도 한번도 거기에 걸려 넘어지지 않으셨던 거야. 만일 그분이 유혹을 받지 않으셨다고 말한다면 그 말은, 그분이 이 땅의 사람이 아닌 유령이나 허깨비로 사셨다는 말이 되겠지. 그분은 우리와 똑같은 인간이었단다. 그래서 힘들면 땀도 나고, 고단하기도 하고, 굶으면 배가 고프기도 하셨어. 물론 그림자도 있었지. 그렇지만 그런 것들 때문에 스스로 묶여서 자기가 가야 할 길을 가지 못하거나 엉뚱한 길로 가거나 하는 일은 없었단다. 왜냐하면 오직 빛이신 하나님만 바라보고 나갔거든. 빛을 향해 걷는 자에게는 어두운 그림자가 보이지 않는 법이야. 그렇다고 그에게 '그림자'가 없었다고 말한다면, 그건 거짓말이지. 예수님은 분명히 우리 모두가 그렇듯이 악마의 유혹을 받으셨단다. 그리고 그 유혹을 물리치셨어. 그래서 우리는 그분을 스승이라고 부르는 거야, 유혹을 뿌리치는 법을 가르쳐주신.

유혹의 정체

예수님이 광야에서 사십 일 동안 악마에게 받으신 유혹은 그분이 이 세상에 계시는 동안 끊임없이 받았던 유혹을 크게 세 가지로 나누어 보여준다고 할 수 있어. 그 세 가지 유혹은 광야에서 한꺼번에 받고 말았다기보다, 예수님이 십자가에 달려 돌아가시는 바로 그 순간까지 받아야 했던 유혹을 그림으로 그려 보이듯이 보여주는 거란다. 그러니까 인간이 세상에서 받게 되는 유혹이라는 게 모두 이 세 가지로 요약될 수 있다는, 그런 말이지. 예수님이 유혹받으신 이야기로 들어가기 전에 먼저 '유혹'이 무엇인지 잠깐 생각해보기로 하자.

유혹이란, 겉으로는 그럴듯하고 근사해 보이지만 그 속에 상대방을 해롭게 하려는 나쁜 뜻을 감추고 있게 마련이야. 고기 낚는 미끼와 같지. 붕어가 지렁이를 좋아하거든. 그러니까 지렁이를 낚싯바늘에 꿰어서 붕어가 다니는 길목에 던져두는 거야. 붕어는 그것이 지렁이인 줄 알고 덥석 물지. 탁, 낚아채면 붕어는 그만 바늘에 꿰여 대롱대롱…… 죽는 거지 뭐.

유혹이란 그런 거란다. 막 강제로 밀어서 쓰러뜨리는 게 아니라 한껏 잘해주는 척, 도와주는 척하면서 상대가 지닌 약점을 이용하여 스스로 넘어지고 쓰러지게 하는 거야. 상대가 바라는 것을 이루게 돕는 척하면서, 또한 그 바라는 것을 주는 척하면서, 오히려 그 바라는 것을 전혀 얻지 못하도록 하는 게 바로 유혹이란다. 누가 슬기 너에게 보신탕을 한 그릇 가져와서, 아주 맛있는 개고깃국이니까 먹으라고 한다면 그게 유혹이 되겠니? 안 되지! 슬기는 개고기 말만 들어도 고개를 돌리니까……. 유혹은 언제나 달콤한 소리로 속삭이지. 입에 쓴 약이 좋은 약이라는 말도 그렇단다. 듣기 좋은 말이 사실은 위험한 말일 경우가 흔하거든. 여북하면 옛 사람이 말하기를, "나에게 좋은 말을 하는 자는 나의 적이요, 나쁜 말을 하는 자는 나의 스승이다〔道吾善者是吾賊, 道吾惡者是吾師〕"라고 했겠니? 예수님이 우리에게 주시는 말씀은 그다지 '달콤한' 말씀이 아니야.

> 너희 원수를 사랑하며 너희를 미워하는 자를 선대하며 너희를 저주하는 자를 위하여 축복하며 너희를 모욕하는 자를 위하여 기도하라 너의 이 뺨을 치는 자에게 저 뺨도 돌려대며 네 겉옷을 빼앗는 자에게 속옷도 거절하지 말라(누가복음 6:27~29)

너희들 이렇게 할 수 있겠니? 할 수 있다 해도 결코 쉬운 일이 아니지. 또 이렇게도 말씀하셨어.

누구든지 첫째가 되고자 하면 뭇 사람의 끝이 되며 뭇 사람을 섬기는 자가
되어야 하리라(마가복음 9:35)

어때? 너희들 학교에서 이렇게 배우고 있니? 세상에 '꼴찌'가 되라고
가르치는 선생이 있던? 아마 못 보았을 거야. 그런데 예수님은 그렇게 가
르치셨거든. 저마다 일등하기를 바라고 어떻게든 남보다 더 높이 올라서
고 더 앞서 나가려고 하는 세상에서 누가 "꼴찌가 되라"는 말을 듣고 싶어
하겠니? 아마 누가 그런 말을 하면 그 사람은 단박에 미움을 사게 될 게
다. 그렇지만, 인간의 욕심을 만족시키려는 달콤한 소리를 할 줄 모르는
참스승은 비록 듣기에는 역겹거나 별로 신통치 못한 소리로 들릴지라도
'입에 쓴 약'을 우리에게 끊임없이 주신단다. 그러니까 그분들 말씀을 잘
들어야 하는 거야. 누가 너희보고 "남보다 뛰어난 사람이 되어라" 말한다
면 "평범한 사람이 되어라" 하는 말보다 더 듣기 좋겠지? 누구에게나 남
보다 뛰어난 사람이 되고 싶은 욕심이 있을 테니까. 그렇지만 아버지는
진심으로 너희에게 말하고 싶다. 평범한 사람이 되라고, 평범한 사람 되
는 것이 가장 어려운 일이라고, 남보다 높은 자리에 서거나 한 발짝 앞서
려는 마음으로 살지 말라고. 세상을 지옥으로 만드는 것이 바로 인간이
요, 인간을 악마로 만드는 것이 바로 욕심이란다. 예수님은 제일 낮은 사
람이 되라고 하셨지만, 그렇게까지는 못 되더라도 남보다 높은 사람이 되
려고는 하지 마라. 그런다고 '높은 사람'이 되는 것도 아니지만 바로 그
욕심이 본인과 가까이 있는 사람들을 불행하게 만드는 것이거든. 이야기
가 설교처럼 돼버려서 미안하다만, 한 번만 더 되풀이하마. 너희는 남보

다 높은 자리에 서려고 하지 말고, 언제나 내가 지금 자신에게 얼마나 정직하고 성실한가, 하나님이 나에게 맡기신 일을 얼마나 성의껏 열심히 하고 있는가, 이것만 부지런히 돌이켜보며 살아가기를 바란다. 바로 거기에 진짜 훌륭하고 보람찬 인생의 비결이 있거든. "뒤꿈치를 들고 서는 자는 서지 못하며, 성큼성큼 걸음을 크게 떼어놓는 자는 걷지 못한다"는 말이 있는데, 노자(老子)라는 중국 철학자가 한 말이지. 남보다 높아보려고 발꿈치를 드는 자는 결국 오래 서지 못하고 남보다 앞서려고 걸음을 성큼성큼 크게 떼어놓는 자는 오래 걷지 못한다는, 그런 말이야. 저마다 남보다 앞서고 높아지려는 사람들한테 '달콤한 속삭임' 대신 이런 말을 해준 노자라는 분 역시 예수님처럼 진짜 스승이라고 할 수 있겠지? 아무튼, 듣기 좋은 달콤한 소리는 일단 경계하는 게 좋아. 그런데 사람들은 듣기 좋은 소리만 들으려고 하는구나. 그래서 그런 소리가 들리는 곳으로 우르르 모여들곤 하지. 발베르트 뷜만(Walbert Bühlmann)이라는 가톨릭 신부님은 『선민과 만민』이라는 책에서, "교회 강대상(목사가 설교하는 자리)이 예수와 가까우면 사람들이 멀어지고 예수와 멀면 사람들이 가까이 모여든다"는 말을 했어. 무슨 말인고 하니, 목사가 예수님 말씀을 곧이곧대로 전하면 사람들이 싫어해서 멀어져가고 반대로 예수님 말씀과 거리가 먼 설교를 하면 사람들이 좋아해서 가까이 모여든다는 말이야. 그만큼 예수님 말씀은 우리에게 '듣기 좋은 달콤한' 말씀이 아니라 오히려 입에 쓴 약처럼 '듣기 힘들고 싫기까지 한' 말씀이란다. 이 사실을 잊어서는 안 돼.

누구든지 나를 따라오려거든 자기를 부인하고 자기 십자가를 지고 나를

따를 것이니라(마태복음 16:24)

이렇게 말씀하신 예수님인데, 마귀가 와서 듣기 좋은 말을 속삭인다고 해서 거기에 넘어가시겠니? 어림도 없는 일이지.

여섯 번째 강의

사람이 떡으로만 살 것이 아니라

_유혹받으시는 예수(2)

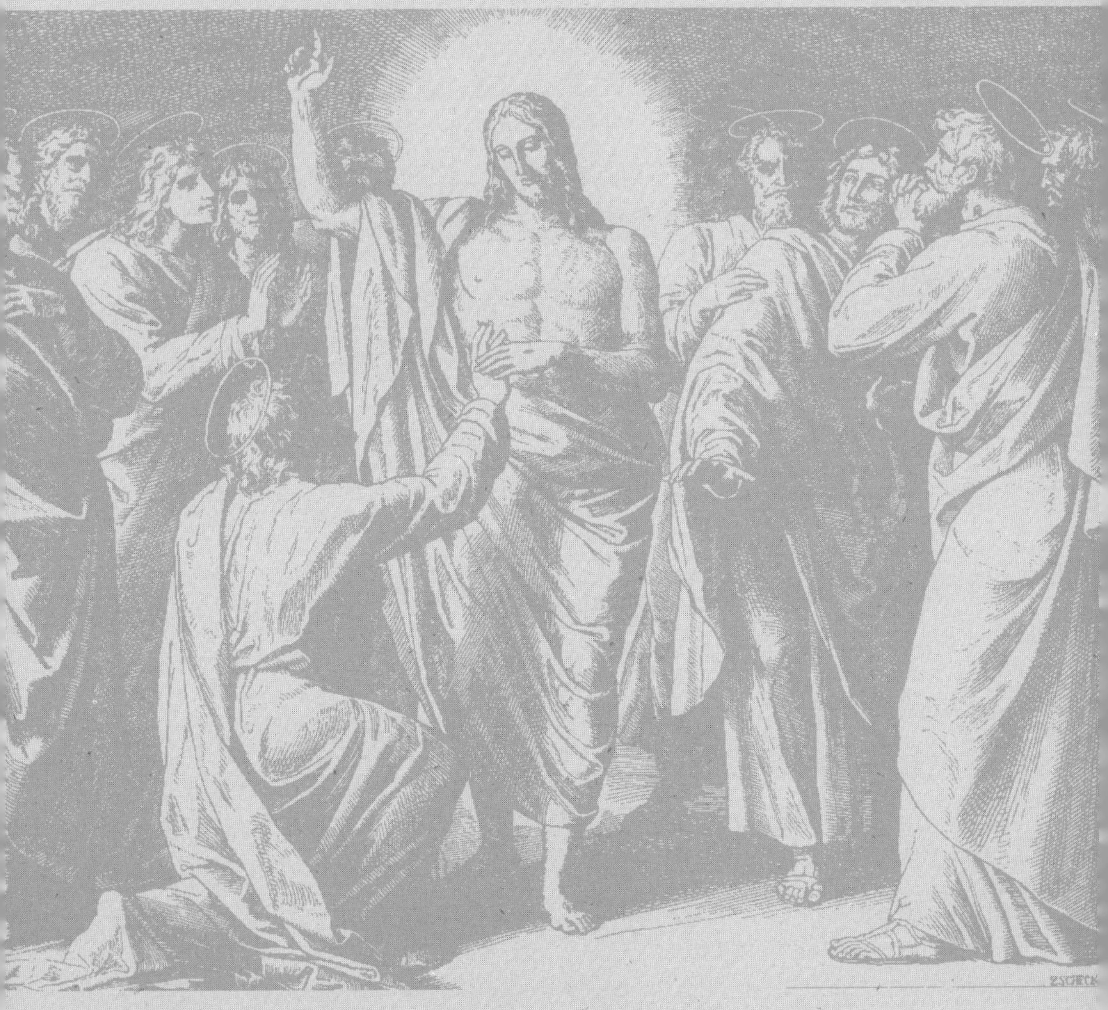

물론 아무도 돌로 떡을 만들 수 없다는 것은 옛날이나 지
금이나 똑같아. 그런데도 많은 사람들이, 돌로 떡을 삼으
라는 악마의 속삭임에 빠져서 자신도 속고 남도 속이면서
이 세상을 슬프고 어지럽게 하고 있구나.

배고파 허기진 예수에게

애기하다 보니 성경 말씀을 읽어놓고 엉뚱하게
다른 얘기만 늘어놓은 것 같구나. 다시 본문으로 돌아가보기로 하자.

마귀가 와서 예수님한테 처음으로 한 말이 무엇이었지?

_네가 만일 하나님의 아들이어든 이 돌들에게 명하여 떡이 되게 하라

그래, 돌을 떡으로 바꿔보라는 거였어. 그런데 마귀가 왜 하필이면 그
런 유혹을 했을까? '당신이 하나님의 아들이거든 어디 한번 증명해보시
오'라든가, 아니면 '저 나뭇가지로 비둘기를 만들어보시오'라든가, 다른
말도 얼마든지 있는데 왜 하필이면 돌더러 떡이 되라고 해보라는 말을 했
겠니?

_예수님이 배가 고프셨기 때문이 아닌가요?

맞았어. 바로 그거야. 그래서 누가는 "이 모든 날에 아무 것도 잡수시지 아니하시니 날 수가 다하매 주리신지라"라고 기록해놓았지. 바로 그때에 마귀가 예수에게 속삭였다! 이게 중요한 대목이야.

앞에서도 말했지만 유혹이란 달콤한 속삭임일 경우가 아주 많단다. 낚싯바늘에 붕어가 좋아하는 지렁이를 꿰어 낚시하는 것하고 비슷하지.

사십 일간 음식을 드시지 않았으니 얼마나 배가 고프셨겠니? 예수님은 하나님 아들이시니까 아무리 굶어도 배가 고프다거나 기운이 빠진다거나 하는 일이 있을 수 없다고 생각하는 사람들이 가끔 있다만, 그건 잘못된 생각이야. 예수님은 하나님과 똑같은 영(靈)이기 때문에 우리가 겪는 육신의 고통 같은 것은 겪을 수 없고, 다만 땀을 흘린다거나 배가 고프다거나 피를 흘리신 것은 인간을 구원하고자 짐짓 보여주신 모습일 뿐이라고 그들은 주장한단다. 그러니까 십자가에서 목마르다고 말씀하신 것도 가짜로 그러신 것이고, 뭐라고 큰 소리로 부르짖으신 것도 가짜라는 거지. 이런 주장을 하는 사람들은 아주 옛날부터 있었는데 그들의 주장을 가현설(假現說)이라고 한단다. 사람들에게 나타난 그리스도는 진짜 모습이 아니라 그 환영(幻影)이라는 거야. 가현설을 영어로는 도케티즘(docetism)이라고 하는데 우리말로 도깨비즘과 비슷하지? 도케티즘은 예수님을 도깨비로 만드는 것이나 마찬가지야. 나아가서 하나님을 무대 위의 쇼맨으로 만드는 셈이지. 바로 이런 주장이나 학설을 가리켜서 이단(異端)이라고 하는 거야. 논리나 학설로는 아주 그럴듯해 보이지만 진리를 거스르거나 비뚤어지게 만드는, 이런 장난을 조심해야 한단다.

하나님이라는 분은 우리 인간이 아무리 머리가 좋아도 끝내 알 수 없는, 신비하신 분이야. 또 그분이 하시는 일도 우리의 머리로는 이해되지 않는 부분이 너무 많단다. 그래서 그분은 우리가 알면 알수록 그만큼 더 모르는 부분이 커지는 이상한 분이라고 말한 사람도 있어. 하나님은 우리가 머리로 납득할 수 있는 그런 분이 아니라 몸으로 체험하고 그 체험을 통하여 마침내 몸으로 깨달을 수 있는 분이란다. 그런데 일단 그 '깨달음'에 이르고 보면 그걸 '말〔言語〕'로는 어떻게 표현할 수가 없는 거야.

석가(釋迦)가 보리수 아래에서 '깨달음'을 얻었는데, 그 깨달은 것을 말로 표현할 수가 없었지. 그렇지만 언제까지나 입을 다물고 앉아 있을 수도 없었어. 자기 혼자서만 깨달음을 얻는 것은 진정한 깨달음의 도리가 아니거든. 다른 모든 사람들〔衆生〕이 다 깨달음을 얻게 되어야 석가의 '깨달음'은 완성되는 거란 말이야. 그래서 그는 마침내 입을 열어 말을 하기 시작했단다. 그것을 적어놓은 것이 불경(佛經)이야. 그러나 아무리 부처의 말이라 해도 어디까지나 인간의 말에 지나지 않고, 그 말에 진실을 모두 담을 수는 없었지. 그의 말이란 저 건너 깨달음의 언덕에 가 닿을 수 있도록 강을 건너는 데 필요한 나룻배와 같은 것이었어. 그래서 석가는 모든 말을 마친 뒤, 지금까지 내가 한 말을 모두 버리라고 부탁한 거야. "나는 49년 동안 한마디도 말한 바가 없다〔四十九年不一說〕"는 말이 바로 그런 마음을 나타낸다고 봐야겠지.

말로는 안 돼. 말〔言〕을 버리지 않으면 뜻〔旨〕에 가 닿을 수 없거든. 나룻배를 타고 건너편 기슭에 닿았으면 배를 버리고 뭍으로 올라야 하지 않겠니? 강을 건넌 다음에도 배를 버리지 못한다면 그 사람은 끝내 언덕으로 올라갈 수 없겠지. 그러나 기슭에 닿을 때까지는 배를 타야만 하는 것처럼, 우리도 깨달음에 이를 때까지는 말씀을 떠나지 말아야 한단다. 말이 소용없는 깨달음에 이르려면 무엇보다도 말이 필요한 거지.

＿무슨 얘긴지 잘 모르겠어요. 자꾸만 헷갈리고…….

아차, 그러고 보니 또 엉뚱하게 나 혼자 떠들어댄 셈이 됐구나? 미안하다. 그렇지만 방금 내가 한 말은 나름대로 중요한 말이니 너희도 언젠가 깨달을 날이 올 거야. 또 반드시 와야 하고! 사람이 불교든 그리스도교든 이슬람교든, 아무튼 무슨 종교를 믿는다는 것은 그리 쉬운 일이 아니란다. 믿음이란 목숨을 걸고 하는 것이야. 그런데 목숨을 걸되 자기 목숨을 걸어야지, 남의 목숨을 걸면 그건 곤란해.

떡은 무엇으로 만들지?

알쏭달쏭 귀신 씨나락 까먹는 것 같은 소리는 여기서 그만두고, 다시 예수님 얘기로 돌아가자. 예수님이 배가 고프셨는데, 그 배고프신 것이 가짜가 아니었다는 말을 하다가 곁길로 새었던 것 같다. 예수님은 진짜로 배가 고프셨어. 그래서 자연히 뭔가 먹을 것을 찾으셨겠지. 어쩌면 눈앞에 굴러다니는 돌멩이가 떡으로 보였을지도 모르겠구나. 그 틈을 마귀가 놓칠 리 없지. 마귀는 우리를 너무나도 잘 안단다. 우리 자신이 모르는 것까지도 마귀는 알고 있어. 마귀는 우리처럼 '육신'을 지닌 존재가 아니라 영(靈)이거든. 왜, 그래서 누가 뭘 잘 알아맞히면 "귀신처럼 잘 안다"고 하지 않니?

마귀는 예수님이 떡을 간절히 바라고 있다는 사실을 알았던 거야. 그래서 첫마디 말이 "자, 돌더러 떡이 되라고 해보시오"였어. 예수님한테 지금 떡이 제일 필요하다는 사실을 알아챈 악마는 바로 그 '떡'이라는 것을 미끼로 삼아 예수님을 낚아채려 한 거야, 알겠니?

떡은 무엇으로 만들지?

__쌀가루요.

그래, 쌀가루로 만들어. 또 보리로도 만들지. 너희들 돌가루로 떡 만든 것 봤니?

__못 봤어요. 돌가루로 어떻게 떡을 만들어요?

맞았다. 돌 가지고는 떡을 만들 수 없어. 하나님의 법칙이 그렇게 돼 있거든! 그런데 지금 마귀는 예수님한테, 돌로 떡을 만들어보라고 속삭이는 거야. 아니, 좀더 정확하게 말하면 돌더러 "떡이 되어라" 하고 말해보라는 거야.

너희들 가끔 마술사가 마술 부리는데, 빈 주머니에서 달걀이 나오고 빈 상자에서 비둘기가 나오고 하는 것 보았지? 그럴 때, '저 마술사는 참 좋겠다, 언제든지 손만 휘두르면 달걀도 나오고 돈도 나오고 비둘기도 나오고 하니까 얼마나 좋을까, 생전 배고픈 줄은 모르겠네' 하고 생각해본 적 없니?

__있어요.

그렇지만 과연 그럴까? 마술사는 닭이 없어도 얼마든지 달걀을 빈 상자에서 꺼낼 수 있는 걸까? 천만에 말씀! 그건 속임수일 뿐이야. 잠깐 동안 사람들을 즐겁게 해주려고 우리 눈을 속이는 것이지.

떡은 생명이란다. 생명은 생명을 먹어야 살게 돼 있어. 그렇기 때문에 생명이 없는 돌멩이로는 떡을 만들 수 없는 거야. 그게 하나님이 만드신 대우주의 법칙이지. 그런데 지금 마귀는 예수님에게, 배가 고파서 떡 생각이 간절한 것을 이용하여, 눈앞에 있는 돌을 보고 "이얍! 떡이 되어라!" 하고 마술을 부려보라는 것 아니니? 마귀는 지금 아주 그럴 듯하게 솔깃한 말을 했지만 사실은 말도 안 되는 소리를 한 거야. 돌로 떡을 만드는 일은, 혹시 마술사는 할 수 있을지 모르지만, 그건 하나님도 하실 수 없는 일이란다. 만일 하나님이 돌로 떡이 되게 하신다면 그건 당신 스스로 당신이 지으신 법을 어기는 것이고 따라서 하나님이 하나님을 거역하는 것이거든. 너희들 혹시 예수님은 돌로 떡을 만드실 수 있지만 그렇게 하지 않으신 것이라고 생각하고 있지 않니?

_예수님은 무슨 일이든지 다 하실 수 있는 분 아닌가요? 물고기 두 마리로 오천 명을 먹이기도 하셨고…….

그건 그렇지 않아. 예수님도 하실 수 없는 일이 많이 있단다. 하나님 아버지의 법과 뜻을 거역하는 일은 하실 수 없지. 사람 속이는 일도 하실 수 없고! 예수님이 마술사처럼 빈 상자에서 떡을 꺼내어 오천 명을 먹이셨니? 아니야, 웬 아이가 바친 떡과 생선으로 그들을 먹이셨어. 굴러다니는 차돌멩이를 주워서 그것으로 떡을 만들어 사람들을 먹이신 것도 아니야. 무슨 말인지 알겠니? 예수님은 마술사가 아니란다. 사람들 눈이나 속이는 마술사가 아니란 말이야. 하나님 나라는 분명한 현실이지 무슨 환상이나 그림자가 아니거든.

자, 그런데 지금 우리가 사는 이 세상을 가만 살펴보면, 저것 좀 봐라.

돌로 떡을 삼는 사람이 얼마나 많이 있니?

　―……?

악마에게 속아넘어가는 사람들

무슨 말인지 설명해주마. 물론 아무도 돌로 떡을 만들 수 없다는 것은 옛날이나 지금이나 똑같아. 그런데도 많은 사람들이, 돌로 떡을 삼으라는 악마의 속삭임에 빠져서 자신도 속고 남도 속이면서 이 세상을 슬프고 어지럽게 하고 있구나.

돈이 무엇이지? 돈은 금(金)이야. 원래는 금을 사용해야 하는데 무겁고 또 잃어버리면 안 되겠으니까 금 대신 만들어서 쓰는 게 돈 아니냐? 금은 뭐지? 금이란 누런 돌이지 뭐.

사람들이 모두 입으로는 "돈보다 생명이 귀하다"고 말하지만 그건 말로만 그럴 뿐, 돈 때문에 남의 생명을 빼앗거나 자기 생명을 잃어버리는 사람이 얼마나 많이 있니? 그 사람들이 모두 마귀의 유혹에 넘어가 돌로 떡을 만들어보려는 어리석은 사람들이란다. 그러나 그들은 모두 실패하고 말지. 왜냐고? 돌로는 떡을 만들 수 없게 돼 있으니까! 하늘의 법을 거스르는 자는 망할 수밖에 없거든.

돈이란 사람이 살아가는 데 필요한 것이지만, 그러나 사람이 돈 때문에 살아가게끔 돼 있는 건 아니야. 돈이 사람을 위해 있는 거지, 사람이 돈 때문에 있는 건 아니란 말이다. "사람 나고 돈 났지 돈 나고 사람 났느냐?"는 말도 있잖니? 그런데 저마다 말로는 그렇다고 하면서 실제로 살아가는 꼴을 볼 것 같으면 오히려 돈 때문에 울고불고 웃고 뛰고 제 목숨 어디 있는지도 모른 채 이리저리 쏠려 다니고 있으니, 저게 모두 돌로 떡을 만들어보라는 마귀의 유혹에 넘어가, 되지 않을 일을 되는 줄 알고 허둥지둥 놀아나는 것 아니고 뭐겠니? 불쌍한 사람들이지.

_그럼, 그 사람들은 모두 마귀한테 속고 있는 건가요?

그렇지! 말 참 잘했다. 모두들 속아넘어가고 있는 거야. 돌을 먹고 살 수는 없어. 돌을 떡으로 먹을 수는 없단 말이다. 그런데도 그렇게 할 수 있는 것처럼 생각하는 거지. 돈만 있으면 살 수 있다고, 돈만 있으면 인생 문제 만사 해결이라고, 돈만 있으면 건강도 행복도 살 수 있고, 돈만 있으면 평화도 문제없고, 돈만 있으면 통일도 한다고……, 그렇게 생각하는 거야. 그런 걸 보고 옛날 사람들은 뭐에 씌었다고 말했지. 허깨비한테 씌어서 헛것만 보고, 실제로 보아야 할 것은 보지 못하는 거야.

자본주의란 물론 처음부터 '자본'을 제일로 모시자는 그런 주의(主義)는 아니었겠지만, 세월이 흐르다 보니 말 그대로 '자본(돈, 즉 돌)'이 으뜸가는 주인 노릇을 하는, 그런 타락한 경제체제로 바뀌고 말았어. 한마디로 말하면 자본이 주인 되고 인간이 그 밑에서 종노릇을 하는 그런 세상을 만드는 타락한 이념이 된 거야. 이것을 가장 과학적이고 철학적으로 잘 파헤친 학자가 바로 공산주의의 아버지라는 카를 마르크스란다. 그럼 마르크스의 자본주의 비판에서 싹이 튼 공산주의는 과연 사람을 '자본(돈, 즉 돌)'에서 해방시켜 자유인이 되게 했느냐 하면, 내가 보기에는 그러지 못했어. 한마디로, 자본주의든 공산주의든 사람으로 하여금 물질에 부림 받지 않고 물질을 부리는 참사람으로 살아갈 수 있게 하는 데는 실패했다고 보는 거지……. 그런데 너희들 딴전 피우는 거 보니, 내 얘기가 재미없구나?

__예, 좀 어렵고 딱딱해요.

아버지 실력이 모자라서 할 수 없다. 그럼 대충 오늘 얘기를 정리하자.

한 가지 물어보마. 사람들은 왜 돌로 떡을 만들어 먹으라는, 말도 되지 않는 마귀의 헛소리에 넘어가는 걸까? 누가 그 까닭을 한번 설명해보겠니?

__……?

생각나는 대로 말해봐. 이런 질문에는 본디 '정답'이라는 게 없는 거야.

__어리석기 때문이겠지요.

어리석다니? 어떻게 어리석다는 말이지?

__그 속삭이는 말이 마귀의 말인 줄 알았다면 넘어가겠어요?

그래, 귀에 대고 속삭이는 말이 마귀의 말인지 아닌지 그걸 분간 못 하니까 넘어가고 마는 거야. 그러면 어떻게 해야 마귀의 말을 마귀의 말로 분간해낼 수 있을까?

__달콤한 말은 일단 의심하라고 했잖아요?

그것도 좋은 방법이 될 수 있지. 입맛에 맞는 달콤한 말일수록 조심하는 거야. 그렇지만 인간이 원체 어리석기 때문에 그런 방법으로 늘 성공할 수는 없단다. 그건 마치 보름달을 등지고 길을 가면서 자기 그림자를 밟지 않으려고 이리저리 조심하는 것과 같아 피곤하고 힘든 일이지.

성경을 다시 읽어봐. 예수님은 악마의 유혹을 어떻게 물리치셨나…….

＿예수께서 대답하시되 기록된 바 사람이 떡으로만 살 것이 아니라 하였느니라

맞았어. 예수님은 마귀가 속삭일 때, 그러니까 '떡'이라는 것을 미끼로 삼아서 속임수를 쓸 때 얼른 '떡'에 대해서 하나님이 뭐라고 말씀하셨는지 그걸 생각하신 거야. 예수님은 마귀의 속삭임이 아니라 하나님의 말씀을 들으셨어. 바로 그 때문에, 예수님한테는 마귀의 그 모든 유혹이, 마치 태양을 향해 그 발길을 내딛는 사람에겐 그림자가 뒤를 따라만 올 뿐 조금도 앞에서 그 발길을 어지럽힐 수 없듯이, 있으면서도 없었던 거야.

예수님이 얼른 두뇌의 컴퓨터에 저장돼 있는 '떡'에 관한 하나님의 말씀을 찾아보니까 화면에 나타나는 말씀이 바로, "사람이 떡으로만 살 것이 아니다"였거든. 마태복음에는 여기에 한마디가 더 붙어서, "사람이 떡으로만 살 것이 아니요 하나님의 입으로부터 나오는 모든 말씀으로 살 것이라"(4:4)로 되어 있지.

예수님이 그 말씀을 한 번 되풀이하니까, 그걸로 마귀의 속삭임은 깨끗이 사라졌어. 뒤로 물러난 거야! 그러니까 예수님은 마귀의 속삭임을 하나님의 말씀으로 물리치신 것이란다.

어떤 수도승이 밤에 묵상을 하려는데 어찌나 개구리들이 시끄럽게 울어대는지 할 수가 없어서 스승에게, "개구리 소리 때문에 못 하겠습니다" 하고 말하니까 스승이 이렇게 대답했대.

"개구리가 저렇게 시끄러운 이유는 네가 노래를 부르지 않기 때문이다."

밖에서 들려오는 시끄러운 소리를 물리칠 가장 좋은 방법은 안에서 더 아름답고 큰 소리로 노래를 부르는 거야. 그래서 성경에서는 우리에게 밤

낮으로 주의 말씀을 묵상하라고 권한단다. 시인도 "주의 말씀은 내 발에 등이요 내 길에 빛이니이다"(시편 119:105) 하고 노래했지.

　__그렇지만 마귀도 하나님 말씀을 알고 있잖아요?

　아무렴! 우리보다 훨씬 더 잘 알고 있지. 그러나 성경 어디 몇 장 몇 절에 무슨 말씀이 있고 어디에 보면 무슨 말씀이 있고……, 이렇게 마치 성경사전이나 되는 듯이 뚜르르르 아는 것하고 예수님이 하나님 말씀을 아셨듯이 아는 것하고는 하늘땅만큼이나 다르단다. 아까 왕양명의 지행합일(知行合一) 얘길 하면서 '행함'이 없는 '앎'은 앎이 아니라고 말했잖니? 마귀가 하나님의 말씀을 아는 것은 결코 진짜 '앎'이 아니야. 바로 그런 가짜 지식, 알긴 알지만 전혀 모르는 가짜 지식을 똥보다 더 더럽게 여겨야 해. 말만 번지르르하게 하면서 실제로 하는 짓은 오히려 정반대인 그런 사람은 바로 마귀의 제자란다. 그런 자들을 조심해야 해. 그러나 그보다 더 조심할 것은 우리 자신이 그런 자가 되지 않도록 늘 깨어서 자신을 돌아보는 일이지.

　머리로만 아는 지식은 참지식이 아니야. 몸으로 깨달아 아는 지식이 참지식이지. 그런데 몸으로 알려면 가만히 앉아 있어서는 알 수가 없어. 직접 몸으로 겪어야만 알 수가 있는 거야. 사랑하지 않고서는 아무도 사랑을 알 수 없지. 입으로 아무리 떠들어봤자 말짱 공염불이야. 입으로 "주여, 주여" 하는 자가 아니라 몸으로 하나님의 뜻을 실천하는 자라야 하나님 나라에 들어갈 수 있다고 예수님도 말씀하셨지 않니?

일곱 번째 강의

달콤한 속삭임 속에 감춰진 독침

_유혹받으시는 예수(3)

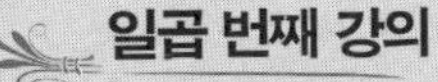

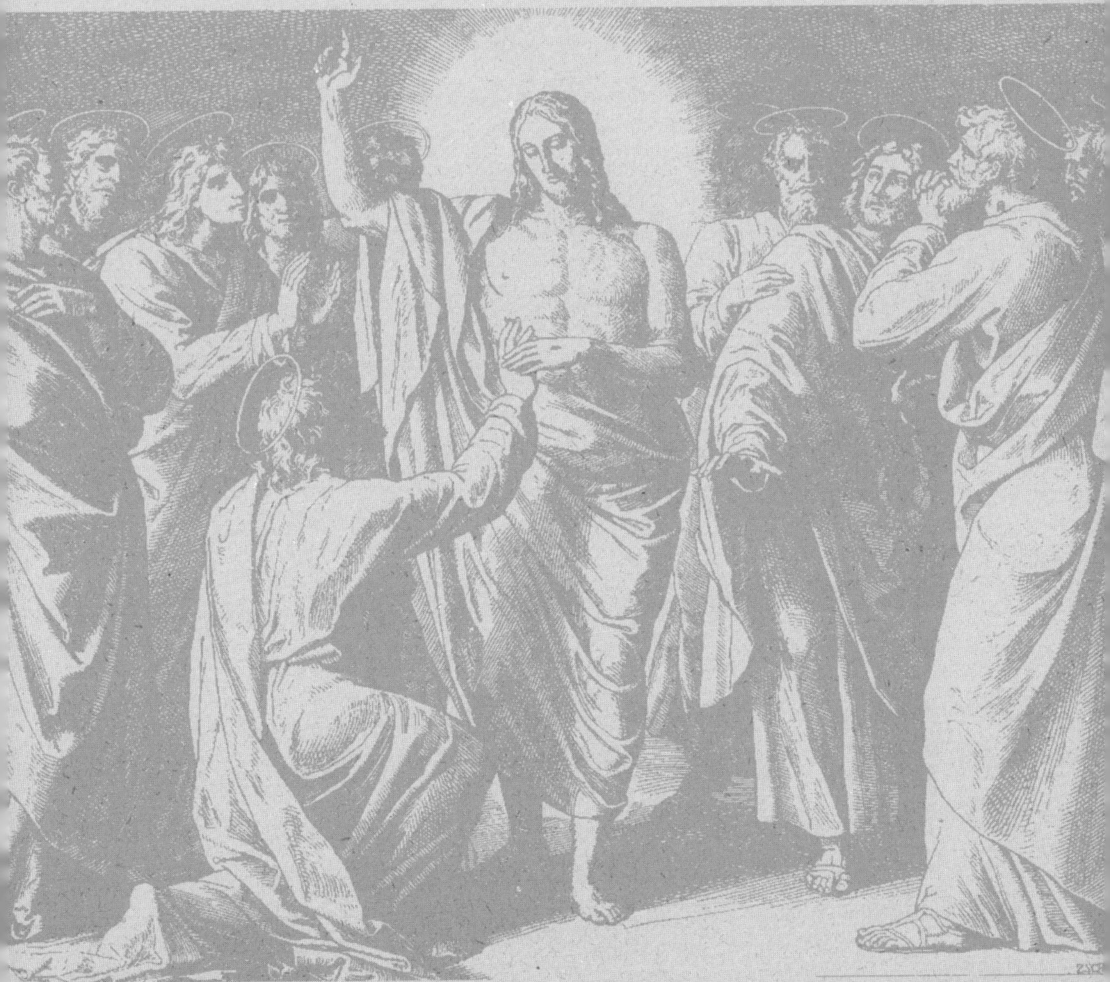

그런데 바로 이 달콤한 속삭임 속에 무서운 독침이 감추어져 있거든! 그걸 예수님이 모르실 리가 없지. 그 독침이란 뭐냐 하면, 하나님과 예수님의 사이를 결정적으로 단절할 수 있는 '의심'이란 놈이야.

눈에 보이는 것

    너희들 혹시 이런 경험해본 적 없니? 산이나 들에 놀러 갔을 때, 어디 앉아서 놀 만한 데가 없나 찾다가 괜찮아 보이는 곳이 있어서 가까이 가보면, 웬걸? 지저분해서 도저히 앉을 수가 없는 그런 경험 말이다.

_있어요.

멀리서 보면 그럴듯한데 가까이 가보면 그게 아니거든. 세상일이라는 게 대충 그렇단다. 사람도 그래. 멀리서 이름만 듣고 잘 모를 때에는 존경스럽던 분이 막상 가까이 모시며 함께 살아보면 그게 '아니올시다' 거든. 그래서, 가까이 함께 사는 사람한테 존경받는 사람이야말로 진짜로 위대한 사람이라고 할 수 있어. 어째서 그럴까? 왜 멀리서 보면 그럴싸하다가 가까이서 보면 그게 아닐까?

_멀리서 보면 자세히 보지 못하잖아요?

그래, 슬기 말이 맞다. 멀리서 보면 대충 그 겉모습만 보게 마련이거든. 그런데 하늘 아래에 살아 있는 모든 것은 겉모양보다는 속이 중요한 거야. 눈에 보이는 겉모습은 꾸밀 수가 있지만 눈에 안 보이는 속은 거짓으로 꾸밀 수가 없거든. 그런데 겉모습이 속을 만드는 게 아니라 속이 겉모습을 만들게 돼 있어. 살아 있는 자연을 유심히 살펴보렴. 봄이 되면 새싹이 나지? 어디서 나니?

_땅에서요.

땅에서 난다고? 그건 맞기도 하고 틀리기도 한 말이다. 땅이 없으면 어떤 생물도 살아 있을 수가 없으니까 그렇게 보면 맞는 말이지만, 싹을 틔우는 것은 땅이 아니라 땅 속에 있는 씨앗이지. 나무로 말하면 가지 끝에 숨어 있던 씨눈이고. 그렇지 않니?

_그래요.

아무튼, 땅에서 나와도 좋고 씨앗이나 씨눈에서 나와도 좋은데 중요한 사실은 모든 생명이 속에서 겉으로 '나온다'는 점이야. 그러니까 모든 생명이 '안에서 밖으로'라는 화살표 방향을 따라서 존재한다는 그런 말이지. 너희들 몸무게가 늘고 키가 크는 것도 마찬가지 아니겠니? 머리 위에다가 뭘 자꾸 덧붙여서 키를 키우는 건 아니지? 속에서 커 나오는 거야. 그러니까 겉보다 속이 중요하다는 말이다. 그래서 예수님도, "선한 사람은 마음에 쌓은 선에서 선을 내고 악한 자는 그 쌓은 악에서 악을 내나니 이는 마음에 가득한 것을 입으로 말함이니라"(누가복음 6:45) 하고 말씀하셨어.

그런데 우리 인간의 눈이라는 것이 대개 겉모습만 보게 돼 있어서 딱하구나. 보이지 않는 '속'을 꿰뚫어보려면 그런 것을 볼 수 있는 '눈'이 따로 있어야 해. 그것을 흔히 마음의 눈이라고 하지. 예수님은 우리에게 바로 그 마음의 눈을 뜨라고 하시는 거야. 이 문제는 나중에 다시 얘기하기로 하고 이제 예수님이 받으신 두 번째 유혹 이야기로 돌아가 볼까?

마귀는 돌로 떡을 만들어보라는 유혹이 먹혀들지 않자 예수님을 '높은 곳'으로 데리고 올라가서 잠깐 사이에 세상 왕국을 보여주었어. 소리가 그 대목을 읽어보겠니? 누가복음 4장 5절에서 8절까지다.

＿마귀가 또 예수를 이끌고 올라가서 순식간에 천하 만국을 보이며 이르되 이 모든 권위와 그 영광을 내가 네게 주리라 이것은 내게 넘겨준 것이므로 내가 원하는 자에게 주노라 그러므로 네가 만일 내게 절하면 다 네 것이 되리라 예수께서 대답하여 이르시되 기록된 바 주 너의 하나님께 경배하고 다만 그를 섬기라 하였느니라

마귀가 예수님을 어디로 데려갔다고 했지?

＿높은 곳이요.

왜 높은 곳으로 데려갔을까?

＿세상을 한눈에 내려다볼 수 있으니까요.

좋다, 그럼 그렇게 높은 데서 한눈에 내려다보이는 세상의 모습은 세상의 어떤 모습이겠니?

＿겉모습이지요.

그래, 마귀가 예수님에게 보여주려고 한 것은 시끄럽고 화려한 이 세상의 겉모습이야. 그래서 높은 곳으로 데려가 그것도 '잠깐 사이에' 세상

을 보여주었지. 너희들 혹시 성형수술이라는 거 아니? 코를 높이거나 눈을 크게 만드는 수술 말이다. 그런 수술을 왜 할까? 예쁘게 보이려고 하겠지. 어떤 사람이 그런 수술을 할까? 본디 예쁘게 생긴 사람은 그런 수술을 하지 않겠지? 그러니까 속으로 자신이 없는 사람일수록 겉을 요란하게 꾸미는 거야. 세상도 마찬가지란다. 실속이 있는 알찬 거리는 별로 꾸밈이 없지만, 허영을 사고파는 거리일수록 겉을 야단스레 꾸미게 마련이란다. 왜 겉을 꾸밀까? 겉모습밖에는 볼 줄 모르는 어리석은 인간들을 속이려는 것 아니겠니? "화려한 겉모습은 눈을 멀게 하고 듣기 좋은 온갖 소리는 귀를 먹게 한다〔五色令人目盲 五音令人耳聾〕"고 말한 사람이 있어. 중국의 노자라는 분인데, 그러니까 "성인은 배를 위하지 눈을 위하지는 않는다〔是以聖人爲腹不爲目〕"고 결론을 내렸단다. 겉으로 보이는 것만을 좇아서 살지 않고, 눈에 보이지는 않지만 우리 몸의 주인이요 중심인 '속'을 좇아서 산다는 그런 말이야. 배가 부른데도 먹음직하고 맛있으니까 자꾸만 먹는 사람이 있는데 그런 사람은 틀림없이 소화불량에 걸릴 거야. 옷이 있는데도 예뻐 보이니까 또 사고, 차가 있는데도 멋져 보이니까 바꾸고……. 이렇게 사는 사람들 모두가 색(色)에 눈이 멀고 소리〔音〕에 귀가 먼 사람들이지. 눈이 멀었으니 진짜로 보아야 할 것을 보지 못하는 거야. 겉모양이 아니라 그 속을 보아야 하는데, 보여야 보지! 나는 노자가 말한 "배를 위한다〔爲腹〕"를 "하나님을 위한다"는 말로 바꾸어도 좋다고 생각해. 배에는 겉모양만 보는 눈이 없고 오직 '뜻'이 있을 뿐이거든.

자, 다시 마귀의 유혹으로 돌아가서 생각해보자.

마귀는 화려한 왕국의 모습을 보여주고 나서 "이 모든 권위와 그 영광

을 내가 네게 주리라. 이것은 내게 넘겨준 것이므로 내가 원하는 자에게
주노라" 하고 말했지. 얼마나 그럴듯한 말이냐? 그야말로 군침이 돌게 하
는 말이지. 그러고는 이어서 교묘하게 함정을 파는 거야. "네가 만일 내게
절하면 다 네 것이 되리라." 저 모든 왕국의 권세와 영광이 한순간에 당신
것으로 될 수 있는데 그 방법은 단지 내 앞에 엎드려 절을 하는 것이오!

자, 이게 무슨 말일까? 절 한 번으로 세상을 손에 넣는다, 얼마나 멋진
유혹이니? 그런데 이 말이 처음부터 끝까지 속임수라는 걸 알아야 해. 바
로 이 속임수에 넘어가서 세상을 괴롭히고 자기 자신까지 파멸시킨 사람
이 얼마나 많이 있었니? 나폴레옹, 히틀러, 일본의 도조 히데키 같은 이른
바 군대 영웅이 모두 그런 자들이란다. 한때는 온 세상을 손에 넣고 온갖
영화를 다 누리는 것 같지만 천만에 말씀이지! 그런 식으로는 세상은커녕
자기 자신의 몸뚱이 하나 다스릴 수 없는 거야. 결국은 남도 죽이고, 자신
도 죽고, 비참한 결말을 볼 뿐이지. 그렇다면, 도대체 무엇이 이 유혹의
정체일까? 어째서 이런 속임수가 그토록 고약한 열매를 맺는 것일까?

"나에게 절을 하라"는 말은, 그리스도교의 말로 하면, "우상을 숭배하
라"는 말이야. 그리고 앞뒤 문맥을 따라서 읽으면 결국 '저 모든 왕국의
권세와 영광'에 절하라는 말이 되지. 그것들을 한순간에 얻으려고 절하는
거니까.

사람이란 말이야, 아무 데나 머리를 숙여 절하면 안 되게 돼 있어. 왜
그런 줄 아니? 사람이 곧 하나님이거든! 잘못 알아들으면 안 돼. 사람과
하나님은 같은 것이 아니면서 하나도 아니란다. 그런 걸 한문으로는 불이
비일(不二非一)이라고 해. 하나님과 만물(사람도 물론 포함하여)은 서로 떨

어질 수 없는 한몸이지만, 그러나 만물이 곧 하나님은 아니야. 같은 뜻을 예수님은 "내가 아버지(하나님) 안에 거하고 아버지께서 내 안에 계시다"(요한복음 14:11)라는 말로 나타내셨지. 바울도 "너희는 너희가 하나님의 성전인 것과 하나님의 성령이 너희 안에 계시다는 것을 알지 못하느냐"(고린도전서 3:16) 하고 고린도 사람들에게 안타까운 질문을 던지지 않았니? 자기 속에 하나님을 모시고 있으면서 다른 누구한테 절을 한다는 건 있을 수 없는 일이야. 그건 자기가 모시고 있는 하나님을 무시하고 모독하는 짓이거든. 그래서 하나님은 "주님이신 너의 하나님을 예배하고 그분만을 섬기라"는 법을 내리신 거야. 이 말이 무슨 말인고 하니, 이 세상의 그 어떤 대상한테도 절대 절을 하지 말라는 말이란다.

＿그럼, 부모님한테도 절하면 안 되는 거예요?

부모님이나 국기 같은 것에 대한 절하고 하나님께 드리는 절은 서로 다르지. 하나님이 하지 말라는 절은, "당신이 제 모든 것의 주인이십니다. 저는 당신의 것입니다" 하고 절하는 거야. 그런 절은 오직 한 분이신 하나님께만 드려야 해. 하나님 아닌 다른 어떤 것한테도 "당신이 저의 주인이십니다" 하고 절하면 안 되는 거야. 그게 바로 우상숭배거든. 하나님은 우리 눈에 보이지 않는 분이야. 그러니까 만일 눈에 보이는 그 어떤 모양〔像〕에다 대고 "당신이 저의 주인이십니다" 하고 절을 하면 그건 하나님 아닌 것을 하나님으로 대하는 아주 고약한 범죄란다. 왜 고약하냐 하면, 그렇게 함으로써 사람이 스스로 파멸되거든! 하나님이 주신 자유를 잃고 마는 거야. 자유를 잃거나 빼앗긴 인간은 진정한 인간일 수 없어. 그리스도인이란 이 세상 아무것에도 얽매이지 않는 자유인을 말한단다. 알겠니?

__그렇지만 그런 사람이 어떻게 있을 수 있어요?

그런 사람이 있을 수 있느냐 없느냐를 따지는 것은 별로 중요한 일이 못 돼. 어떻게 하면 우리가 그와 같은 참자유인이 될 수 있느냐를 생각해야지. 어쨌든, 하나님한테만 절을 하라는 말과 눈에 보이는 그 어떤 것에도 절하지 말라는 말은 같은 말이야. 그런데 하나님한테 절하는 게 뭘까? 어떻게 절하는 게 하나님한테 하는 절일까? 겉으로 드러나 보이는 것을 숭배하지 말고 그 속에 계시는, 모든 보이는 것들을 있게 하신, 바로 그 '보이지 않는 분'을 숭배하라는 말 아니겠니? 그러니까 하나님한테 절을 바치라는 것은, 달리 말하면 보이는 모든 것들한테 절하라는 것이지. 정확하게 말하면 그 모든 것들 속에 계신 '보이지 않는 분'에게 절을 바치라는 그런 말이야. 그래서 마르틴 루터는 두 가지 명제를 바탕으로 「그리스도인의 자유」라는 논문을 썼는데, 하나는 '그리스도인은 모든 것에서 완전히 해방된 자유인이며, 그 어떤 것에도 얽매이지 않는다'는 명제고, 다른 하나는 '그리스도인은 모든 것에 완전히 책임 있는 종이며 모든 것에 얽매인다'는 명제였어. 결국 이 두 명제는 한 가지 진실을 다르게 표현한 것이란다. 사도 바울도 갈라디아서에서 이렇게 말하지 않았니?

형제들아 너희가 자유를 위하여 부르심을 입었으나 그러나 그 자유로 육체의 기회를 삼지 말고 오직 사랑으로 서로 종 노릇하라(5:13)

하나님이 주시는 자유를 누리는 것은 제 욕심대로 마냥 사는 게 아니라 서로에게 사랑으로 '종'이 되는 것이야. 그러니까 가정 도덕으로 말하면 너희가 아버지인 나한테 절을 해도 내가 자식인 너희한테 절을 할 수가 없지만, 종교적인 의식(儀式)으로 말하면 너희와 내가 함께 맞절을 해야 한단다. 알겠니? 너희는 내 안에 계신 하나님께 절하고 나는 너희 안에 계신 하나님께 절하고, 이렇게 언제나 맞절을 해야 하는 거야. 바로 이것이 루터가 말한 '모든 것에 얽매이는 그리스도인의 자유'지.

마귀는 화려한 왕국의 영광으로 예수님의 눈을 멀게 하고 그래서 보이지 않는 '속'이 아니라 보이는 '겉'을 숭배하는 잘못을 저지르게끔 유혹했지만, 역시 이번에도 예수님은 하나님 말씀으로 물리치셨어. 하나님 말씀은 날선 칼과 같다고 했는데 과연 그렇지? 자기가 만들어낸 것들보다 자기를 지으신 분을 항상 먼저 생각하며 살아가는 사람만이 예수님처럼 이런 유혹을 뿌리칠 수 있단다. 조심해라, 눈에 보이는 것만 보고 살다가 어느 순간 못된 악마의 유혹에 넘어갈는지 모르는 세상이야. 그러니까 눈에 보이는 것〔有〕을 마주할 때마다 보이지 않는 것〔無〕을 보려고 애를 써야 해. 그러면 헛된 겉모습 때문에 하나님을 등지는 크나큰 잘못을 피할 수 있을 테니까!

아무리 그럴듯한 이유를 달아도

두 번째 유혹에 실패한 악마는 예수님을 한 번 더 유혹했어. 이번에는 어떻게 했는지, 기림이가 읽어보겠니? 9절에서 13절까지다.

__또 이끌고 예루살렘으로 가서 성전 꼭대기에 세우고 이르되 네가 만일 하나님의 아들이어든 여기서 뛰어내리라 기록되었으되 하나님이 너를 위하여 그 사자들을 명하사 너를 지키게 하시리라 하였고 또한 그들이 손으로 너를 받들어 네 발이 돌에 부딪치지 않게 하시리라 하였느니라 예수께서 대답하여 이르시되 주 너의 하나님을 시험하지 말라 하였느니라 마귀가 모든 시험을 다 한 후에 얼마 동안 떠나니라

한마디로 말해서 하나님을 시험해보라는 거야. 높은 데서 떨어져도 천사를 시켜 발이 돌에 부딪히지 않도록 받들어주리라는 성경 말씀을 인용하면서, 어디 하나님이 진짜로 그렇게 하시는지 않는지 직접 높은 데서 떨어져보라는 것이었어.

너희들 친한 친구 사이에 가장 필요한 게 뭐라고 생각하니?

__우정이요.

세상에 우정 없는 친구 사이도 있냐? 친구 사이라면 우정이란 있게 마련이지. 그런데 그 우정을 좀먹는 게 있단다. 뭔고 하니, 불신(不信)이라는 거야. 믿지 않는 마음이지. 그래서 옛날 어른들도 친구 사이에는 믿음이 있어야 한다(朋友有信)고 했잖아? 누가 기림이에게 "네 아버지는 따로 있다. 지금 아버지는 진짜 아버지가 아니야" 하고 말한다면 기분 좋겠니? 처음에는 장난인 줄 알고 웃어넘기겠지만 자꾸자꾸 그렇게 속삭인다면 어떻겠어? 아마 무척 괴로울 거야. 의심이 생기고, 그러기 시작하면 진짜로 아버지가 따로 있을지 모른다는 생각이 나기도 할 것이고……. 결국에는 비극이 벌어지겠지?

바로 이 점을 마귀가 노렸던 거야. 그러나 악마가 하는 말만 들으면 얼

마나 그럴듯하니? 높은 데서 뛰어내렸는데도 발가락 하나 다치지 않았다! 알고 보니 하나님이 천사들을 시켜서 받들게 하신 것이다. 와아! 여기 진짜로 하나님의 아들이 오셨구나! 꾸역꾸역 물밀듯이 모여드는 사람들 또 사람들! 어떠냐? 너는 진짜 하나님의 아들이잖아? 그걸 사람들 앞에서 보여주는 거야! 자, 뭘 망설여? 어서 뛰어내리라구.

그런데 바로 이 달콤한 속삭임 속에 무서운 독침이 감추어져 있거든! 그걸 예수님이 모르실 리가 없지. 그 독침이란 뭐냐 하면, 하나님과 예수님의 사이를 결정적으로 단절할 수 있는 '의심'이란 놈이야. 의심은 불신을 낳고 불신은 마침내 모든 관계를 단절하고 말지.

만일 예수님이 기도하러 산에 오르셨다가 실족하여 벼랑에서 떨어지셨다면 하나님이 천사를 시켜 받들어주셨겠지만, 그 경우하고 '일부러' 뛰어내리는 것하고는 천지 차이로 다른 거야. 알겠니? 아버지가 맨 첫날에 말했듯이 하나님은 만물을 지으시고 만물 속에 계시는 분이야. 그러니까 너희 속에도 물론 계시지. 요즘 과학이 발달했다고 하면서 사람들이 하나님을 의심하게 된 것이야말로 가장 큰 비극이라고 나는 생각해. 왜냐하면 그것은 곧 자기 자신을 의심하고, 참된 자아가 되는 길을 가로막는 짓이거든. 참된 자아란 하나님과 '나' 사이에 먼지만큼도 불신이 끼지 않는 그런 순간에 얻어질 수 있는 것이야. 바로 그 참된 자아를 찾는 것이 모든 인생의 목적이기도 하단다.

아무리 그럴듯한 이유를 달아도, 하나님을 의심하게 한다면 그건 알아보나마나 틀림없이 악마의 속임수, 유혹이라는 사실을 늘 기억해두렴.

고향에서 죽을 뻔한 예수

예수님의 해방 선언은 살인강도로 하여금 사람을 죽여서
라도 '돈'을 가져야겠다고 생각하게끔 만든 모든 힘들에
대한 도전이라고 봐야 해. 그것은 어쩔 수 없이 사회를 뒤
바꾸는 일로 연결되게 마련이지.

연필의 길이

애들아, 오늘은 성경 말씀을 읽기 전에 사람의
판단이나 말이 얼마나 모자라는 건지 한번 생각해보기로 하자. 여기 연필
이 있는데, 이 연필이 기냐, 짧으냐?

__길어요.

__아니, 짧아요.

__으음, 길지도 않고 짧지도 않아요.

기림이는 길다고 했고, 소리는 짧다고 했는데 왜 그랬니?

__그만하면 길지 않아요?

그래, 몽당연필보다는 이 연필이 길겠지.

__그렇지만 새 연필보다는 짧지 않아요?

맞다. 금방 깎은 새 연필에 비하면 이 연필은 확실히 짧은 연필이야. 그런데 기림이는 길다고 했고 소리는 짧다고 했는데 왜 똑같은 연필이 누구한테는 짧고 누구한테는 길까?

─ ……?

그건 너희들이 미리 마음속에 생각하던 연필이 달랐기 때문이야. 기림이는 몽당연필을 생각하고 있었으니까 이 연필이 길게 보였고, 소리는 새로 깎은 연필을 생각하고 있었으니까 짧게 보였던 거겠지. 안 그래? 말하자면 어떤 연필이 기냐 짧으냐를 판단하려면 그것을 재는 기준이 있어야 하는데 그 기준이 서로 다르니까 다르게 대답할 수밖에 없지 않겠니? 아버지가 만일 "이 연필이 내 새끼손가락보다 기냐, 짧으냐?" 하고 물었다면 서로 다른 대답이 나올 수 없었을 거야.

그런데 유감스럽게도 사람들이 무엇을 판단할 때 모두 똑같은 '기준'을 바탕으로 해서 판단한다는 것은, 말로는 가능할는지 모르지만, 사실상 거의 불가능한 일이란다. 연필의 길이를 재는 것 정도는 가능할는지 모르겠으나 어떤 것이 좋다거나 나쁘다거나 악하다거나 선하다거나 하는 판단에 이르면 모든 인간이 똑같은 '기준'으로 말한다는 게 있을 수 없는 일이거든. 요즘에는 물리학에서도 이른바 '불확실성 원리' 라든가, "(단일하고 영원히 불변하는) 실체는 없다"는 말을 하더라만 아버지도 아직은 잘 모르는 이론이라서 길게 설명 못 하겠구나. 어쨌든 물질세계에도 모든 것의 기초라고 할 만한 것이 따로 없다는 거야. 하물며 사람마다 천차만별인 정신상의 판단에 어떤 절대적인 '기준'이 있겠니? 우스운 얘기 하나 들어보련? 어떤 선교사가 아프리카의 원주민들한테 가서 기독교 복음을 전하는데 아무리 선과 악을 일러줘도 못 알아듣는 거야. 그래서 결국 이렇게 말했지.

"선은 좋은 것이고, 악은 나쁜 것이오."

그랬더니 추장이 웃으면서, "그렇다면 알겠소" 하고는 이어서 이렇게 말하더래.

"선은 내가 다른 남자의 마누라를 빼앗아 오는 거고, 악은 다른 남자가 내 마누라를 빼앗아 가는 것이군 그래!"

우습지? 그런데 사실 우리가 날마다 이건 이렇고 저건 저렇고 누군 어떻고 누군 저렇고 하고 이리저리 판단하는 것이 그 아프리카 원주민 추장이 선과 악을 판단하는 것과 그리 거리가 먼 게 아니란다. 그래서 예수님이 남을 판단하지 말라고 하셨는지도 모르지.

인간의 판단이란 이렇게 어쩔 수 없이 '상대적'인 거야. 경우와 곳에 따라서 바뀔 수 있는 것이란 말이야. 판단만이 그렇게 모자라는 게 아니라 인간의 말도 역시 한꺼번에 모든 것을 말할 수는 없게 돼 있어. 한번에 한 가지만 말할 수 있는 게 인간의 언어거든.

이 돌은 단단하고 둥글지? "이 돌은 단단하다." 이렇게 말하면 이 돌이 둥글다는 것에 대해서는 말하지 않는 거야. "이 돌은 단단하고 둥글다." 이렇게 말하면 돌이 검다는 걸 또 말하지 않는 거지. 결국 사람은 이 돌의 모든 것을 한꺼번에 판단할 수도 없고 말할 수도 없다는, 그런 말인데 얘기하다 보니 내 말이 또 너희들을 헷갈리게 하는구나. 지금까지 아버지가 한 말의 뜻은, 우리가 무엇을 생각하거나 말할 때 그 생각과 말 자체가 '모자라는 것'임을 잊지 말라는 거야. 그러니 남의 말을 들을 때에도 이 점을 잊지 말고 들어야겠지? 따라서 무슨 말꼬리를 붙잡고 늘어지거나 자기 생각만 고집하는 것은 딱한 일이야. 그런 사람들 때문에 세상이 갈수록 빡빡해지며 어지러워지는 거란다.

그리고 참, 슬기는 아주 슬기로운 척하고 "길지도 않고 짧지도 않다"고 했는데 그 대답도 마찬가지로 완전한 대답일 수는 없어. 이 연필은 길기도 하고 짧기도 하니까.

사람의 판단이나 말이 모자란다고 해서 판단을 하지 않거나 말을 회피하며 살아갈 수는 없단다. 다만 자기 말이든 남의 말이든, 그것이 절대한 진리 자체가 아니라는 사실을 겸손하게 받아들이면 되는 거야. 성경 말씀을 읽고 해석할 때에도 마찬가지지. 여기 종이에 찍혀 있는 것은 어디까지나 '인간의 언어'니까. 그래서 내가 처음부터 망언득지(忘言得旨)하라고, 말을 잊고 뜻을 얻으라고 이르지 않던?

예수님의 첫 번째 설교

누가복음에 보면 예수님은 유혹을 물리치신 다음에 갈릴리로 돌아와 여러 회당에서 가르치시며 많은 병자를 고쳐주신 걸로 돼 있어.

그러다가 어느 날, 당신 고향인 나사렛에 가셨는데 마침 안식일이 되자 마을 회당으로 들어가 거기서 설교를 하시게 되었지. 아마 그곳 회당의 책임자가 예수님한테 설교를 부탁했을 거야. 당시 회당에는 요즘 교회의 목사나 신부들처럼 매 주일 설교를 맡아서 하는 그런 사람이 없었거든.

그날 예수님은 성경을 읽으셨는데 이사야서에 있는 유명한 구절이었어. 누가 그 대목을 읽어보겠니? 누가복음 4장 18절~19절이다.

＿주의 성령이 내게 임하셨으니 이는 가난한 자에게 복음을 전하게 하시려고 내게 기름을 부으시고 나를 보내사 포로 된 자에게 자유를, 눈 먼 자에게 다시 보게 함을 전파하며 눌린 자를 자유롭게 하고 주의 은혜의 해를 전파하게 하려 하심이라 하였더라

됐다, 우선 거기까지만 읽자. 예수님은 하고많은 성경 구절에서 왜 하필이면 이 구절을 찾아 읽으셨을까? 그날의 설교가 누가복음 기록으로는 예수님의 첫 번째 설교였어.

마태와 마가는 다 같이 예수님의 첫 번째 설교를 "하나님 나라가 다가왔으니 회개하라"는 내용으로 기록했지.(마태복음 4:17, 마가복음 1:14~15)

자, 그렇다면 예수님이 사람들한테 처음 말씀하실 때부터 '하나님 나라'에 대한 선포를 하신 것은 틀림없는 듯한데, 문제는 누가복음의 기록에서 어떻게 '하나님 나라'에 대한 예수님의 설교를 읽을 수 있겠느냐다.

이 문제를 생각하기 전에 먼저 한마디 해줄 말이 있어. '하나님 나라'가 무엇이냐는 건데, 너희들 흔히 교회에서 천당 지옥 할 때에 그 천당을 성경의 '하나님 나라'하고 같이 생각하면 곤란해. 물론 사람이 죽은 뒤에 가게 된다는 그 천당도 '하나님 나라'에 속하는 것일 수는 있지만, 그게 바로 그건 아니란다. 죽은 뒤에 간다는 그 '천당'이 곧 예수님이 말씀하신 '하나님 나라'는 아니야. 사람들이 그렇게 오해할까봐 예수님은 제자들에게 "하나님 나라는 볼 수 있게 임하는 것이 아니요 또 여기 있다 저기 있

다고도 못 하리니 하나님의 나라는 너희 안에 있느니라" 하고 말씀하셨
지.(누가복음 17:20~21)

　'너희 안에'란 말을 자기 멋대로 고쳐서 '네 맘속에'로 읽는 사람이 가
끔 있는데 그건 곤란해. '너희 안에'라는 말은 말 그대로 '너희 안'이야.
『공동번역성서』에서와 같이 '너희 가운데'로 해석하는 게 더 정확하겠다.
영어로 하면 'among you'지 'in your mind'가 아니란 말이야. 그러니
까 이렇게 살과 살을 부딪치며 함께 살아가는 우리들 속에 하나님 나라가
'있다'고 하셨어. 나중에 우리가 죽은 다음 그 나라로 가는 게 아니고 지
금 우리들 속에 '있다'는 거야. 알겠지? 그럼 지금 우리는 '하나님 나라'
에 살고 있는 걸까? 그렇기도 하고 아니기도 하지.

　무슨 말이 그러냐고? 할 수 없어. 달리는 말할 수가 없는 걸 어떻게 하
니? 봐라, 지금 여기는 밤이지? 그러니까 어둡지. 그러나 지구 저쪽은 어
떻겠니? 거긴 환한 대낮이지. 여기는 왜 어둡고 거기는 왜 환할까? 거기
는 해가 떴고 여기는 해가 졌거든. 그렇지만 이 말은 과학적으로 틀린 말
이야. 해는 떴다 졌다 하는 게 아니니까. 따라서 정확하게 말하면, 여기는
지구의 그림자 속에 들어 있기 때문에 어두운 거야. 제 그림자 때문에 지
구는 언제나 반쪽이 어둡다 이 말이지. 그러니까 지구는 언제나 환하기도
하고 환하지 않기도 하다고 말할 수밖에…….

　마찬가지야. 우리가 사는 여기는 하나님 나라(환한 세상)면서 동시에
하나님 나라가 아니란다. 사람이 서로 죽이고 빼앗고 속이고 때리고 가두
고 억누르는 이런 세상이 어떻게 '하나님 나라'겠니? 그렇지만 어두운 지
구 저쪽에는 언제나 밝은 태양이 있거든. 그러니까 지구 전체가 환한 빛

가운데 있는 거야. 환한 빛 가운데 박혀 있어 빛 가운데를 돌아다니면서도, 바로 저 때문에 어두울 수밖에 없는 것이 지구의 운명이란다. 만일 지구가 유리처럼 투명해진다면 어떻게 될까? 밤이라는 것이 없어지겠지?

유리처럼 맑아진다는 것을 성경은 "자기를 비운다"거나 "자기를 부인한다"는 말로 표현하지. 젖먹이 어린 아기는 아직 '욕심'이라는 게 없단다. 배가 고파서 우는 거지, 달리 무슨 속셈이 있어서 우는 게 아니야. 그러니까 젖을 물리면 울음을 뚝 그치지 않니? 젖먹이 울음에는 이렇게 사심이 없기 때문에 밤새도록 울어도 목이 쉬지 않는대. 젖먹이한테는 금덩어리나 막대기나 똑같이 보이지. 아직 유리처럼 투명해서 그런 거야. 그래서 예수님은 "내가 진실로 너희에게 이르노니 누구든지 하나님의 나라를 어린아이와 같이 받아들이지 않는 자는 결단코 거기 들어가지 못하리라"(누가복음 18:17)라고 말씀하셨어. 『공동번역성서』에는 "어린이와 같이 순진한 마음으로 하느님 나라를 맞아들이지 않으면"이라고 했는데 여기서 예수님이 순진한 마음이라고 하신 것은 '빈 마음' 또는 '투명한 마음'으로 알아들어도 될 거야. 자기 자신의 '나'를 앞세우고 고집하지 않는 마음이라고 할까?

그런데 이 말씀에 아주 중요한 사실이 감추어져 있는데 그걸 알아야 해. 여기서 예수님은 '하나님 나라'를 "맞아들이지 않으면"이라고 말씀하신 다음에 또 "들어가지 못할 것"이라고 하셨거든. 그러니까 결국 '하나님 나라'는 우리가 맞아들여야 하는 나라면서 동시에 그리로 들어가야 하는 나라라는 거야. 맞아들여야 하는 나라는 이미 여기에 있는 나라고 들어가야 하는 나라는 아직 저기에 있는 나라지. 그래서 이걸 신학자들은 "이미 그리고 아직(already and not yet)"이라는 말로 표현하고 있단다. 그러니까 하나님 나라는 '이미' 여기 있는 나라면서도 '아직' 오고 있는 나라야. 말이 좀 이상하지만 사람의 말로는 그렇게밖에 달리 표현할 수가 없구나. 이 사실을 알아야 첫 번째 설교 말씀의 뜻을 이해할 수 있을 거야.

자, 보렴. 예수님이 그날 회당에서 읽으신 본문 말씀은 한마디로 인간 해방 선언이라고 할 수 있어. 그런데 더욱 놀라운 것은 "포로 된 자에게 자유를, 눈 먼 자에게 다시 보게 함을 전파하며 눌린 자를 자유롭게 하고 주의 은혜의 해를 전파하게 하려 하심이라"는 이사야의 예언의 말씀이 "오늘 이 자리에서 이루어졌다"는 거야. 이제 내가 그 예언을 이루겠다는 게 아니라 이미 이루어졌다는 선언이지. 알아듣겠니? '주의 은혜의 해'란 구약에서 말하는 '희년'을 뜻하는데 50년마다 '희년'을 두어 그해에는 남에게 빚진 것을 모두 없던 걸로 하고, 또 남에게 팔았던 땅을 조건 없이 되돌려 받기도 하고, 종으로 팔려갔던 사람은 다시 자유인으로 돌아오기도 했단다. 법으로 그렇게 정한 거야. 물론 이 희년 제도가 법이 정한 대로 실현되었느냐고 물으면 그렇다고 딱 부러지게 대답할 수 없다만, 어쨌든 법만큼은 모든 억압이 풀어지는 '희년'을 50년에 한 번씩 선포하도록 돼 있었지. 그런데 예수님은 지금 그 희년이 "이루어졌다"는 것 아니니? 사람들이 깜짝 놀랄 수밖에!

생각해봐라. 아직까지 그 누구도 예수님처럼 당당하게 '희년'을 선포한 사람이 없었거든. 전에도 말했다만, 억눌리고 갇혀 있는 사람의 '자유'를 선포한다는 것은 한편 그를 억누르고 가두었던 자들한테는 아주 고약한 소리가 아닐 수 없으니까. 만일 누가 텔레비전 같은 데 나와서, 국가보안법은 무효다, 보안법으로 갇혀 있는 자들은 모두 석방이다, 하고 소리 지른다면 어떻게 되겠니? 우선 사람들이 깜짝 놀라고 그 사람은 당장에 잡혀가겠지. 예수님의 첫 번째 설교를 듣고 사람들이 깜짝 놀란 것은 아마 이와 비슷한 이유 때문일 거야. 그런데 여기서 조심할 것은 예수님이 말씀하신 '포로 된 자'가 요즘 말로 해서 양심수 같은, 무슨 고상한 죄목으로 갇혀 있는 자만을 가리킨다고 자기 멋대로 생각하는 것이란다. 천만에 말씀! 그렇지 않아. 예수님은 그냥 '포로 된 자'라고 하셨지 무슨 양심수나 정치범이라고 토를 달지 않으셨어. 강간범, 절도범, 사기범, 강도범 따위 온갖 지저분한 잡범들도 모두 예수님이 해방을 선언하신("해방될 것이다"가 아니라 "해방되었다"고!) '포로 된 자'에 포함되는 거야. 그래야 진짜 해방 선언이지!

　_잘 모르겠어요. 그렇게 모든 범죄자가 다 해방되면 세상은 어떻게 되는 거예요?

　그 무서운 살인범들이 죄다 풀려나면 하루아침에 세상이 난장판으로 될 것 같아서 하는 말이니? 넌 지금 감옥에 죄수들이 갇혀 있기 때문에 세상이 지탱되고 있다고 보니?

　_그런 건 아니겠지만…….

　이른바 양심수들의 해방만 말씀하신 것이라면 예수님의 설교도 별 게 아니지. 그런 소리 누군 못 하겠니? 지난번에 일가족을 살해하여 암매장한 강도가 있었지? 말하자면 예수님은 바로 그런 자들의 해방까지도 포함된 해방을 선포하신 거야.

　이런 얘길 하다보면 아버지는 가슴이 아프고 숨이 답답해지는구나. 그

강도가 하는 말이 "잡히지 않으려고 죽였다"는 것 아니냐? 잡히면 제가 죽을 테니까. 결국 저 살려고 남을 죽였다는 건데, 지금 이 땅에 사는 그 누가 남 살리려고 저 죽겠다고 나서던? 우리가 지금 동족을 향해 총부리를 겨누고 있으면서, 그걸 위해 막대한 돈을 쓰고 그 일을 맡은 군인들을 '용감한 국군 아저씨'라고 위문하면서, 그러면서 그 강도를 비난하고 벌할 자격이 있다고 생각하니? 물론 정도의 차이는 있겠지만 오십 보 백 보야. 물 한 모금을 마신 사람이나 한 동이를 마신 사람이나 마찬가지로 물 마신 사람이지. 알아듣겠니? 똥 묻은 개가 겨 묻은 개를 나무랄 수도 없지만, 겨 묻은 개한테도 똥 묻은 개를 나무랄 '자격'은 없는 거란다. 많은 사람이 이 점을 착각하더구나.

결국, 예수님의 해방 선언은 살인강도로 하여금 사람을 죽여서라도 '돈'을 가져야겠다고 생각하게끔 만든 모든 힘들에 대한 도전이라고 봐야 해. 그것은 어쩔 수 없이 사회를 뒤바꾸는 일로 연결되게 마련이지. 그런 걸 혁명이라고 한단다. 강도를 때려잡는 세상에서 강도를 만들지 않는 세상으로 변혁하는 거야.

그런데 누가 그런 일을 할 수 있을까? 법 앞에 굴복하는 자는 결코 그 법을 무너뜨릴 수 없어. 돈 앞에 절하는 자는 돈의 사슬을 끊을 수 없고. 그런 것들이 '없는 듯' 살아가는 사람, 인간을 얽어매는 온갖 잘못된 제도와 법이 눈에 들어오지 않는다는 듯이 '살아가는' 사람만이 그런 일을 해낼 수 있는 거야. 이런 일을 말로만 떠드는 자는 세상에 몹쓸 쓰레기 잡놈이란다. 인민해방에 관해 유식한 척 온갖 이론을 펴면서 저에게 돌아올 강연료나 원고료에 유달리 까다로운 자는 '돈' 때문에 애먼 사람이라도 잡아야겠다는 강도를 만들어내는 세상을 변혁하겠다고 나설 자격부터가 없는 거야. 스스로 가난하지 않은 자가 가난에 대하여 무슨 나발을 불든 그건 헛소리일 뿐이란다. 아버지는 이런 생각을 할 적마다 정말 가슴이 아프고 죄송하구나. 난 지금 너무 부자야. 가진 게 너무 많아. 그래서 괴롭다.

　_나는 우리 집이 부자라고 생각하지 않아요. 그리고 아버지가 그런 말을 하면 겁이 나요.

　겁이 난다고? 미안하다. 너희들 겁나라고 그런 말을 한 건 아니다만, 아버지로서는 달리 할 말이 없구나. 그건 그렇고, 어쩌면 예수님의 고향인 나사렛 사람들도 예수님의 설교를 듣고 화가 나거나 겁이 났는지 모르겠다. 아하! 그래서 예수님을 벼랑으로 끌고 가 떨어뜨리려고 했던 걸까?

　예수님 말씀을 듣고 보니 이건 보통 얘기가 아니거든. 하루아침에 세상을 뒤집어엎을 소리 아니냐? 큰일이지. '이런 자를 그냥 뒀다가는 우리 마을까지 아예 모두 역적으로 몰려 떼죽음을 당할는지도 모른다! 그냥 뒀다가는 나중에 후회할 거야. 죽여버리자…….' 그래서 고향 사람들이 예수님을 벼랑에서 떨어뜨리려고 했던 것이라면, 오늘에도 사정은 비슷하지 않겠니?

　고향에서 첫 번째 설교를 하고 곧장 배척을 받아 죽을 뻔한 예수님을 곰곰 되새겨봐. 그러고 나서, 맨 끝 절(누가복음 4:30)을 읽어보렴.

　_예수께서 그들 가운데로 지나서 가시니라

　그래, 바로 그거다! 얘기는 이제부터야.

사람을 낚는 노동자로

시몬 베드로는 어부였고 따라서 그때 사회에서 가장 흔하게 만날 수 있는 평범한 사람이었어. 이 점이 또 아주 중요하단다. 평범하고 흔히 대할 수 있는 사람이라야 예수님과 함께 하나님 나라를 세우는 일을 할 수 있었던 거야.

　　　　　지난 시간에 고향에서 하신 예수님의 첫
번째 설교를 살펴보면서, 예수님이 세상에 오신 목적이 '이미 이루어진'
하나님의 나라를 선포하고 그 나라의 법을 따라 살아감으로써 현실의 낡
은 법을 무너뜨리는, 말하자면 혁명을 이루어 그 결과로 사람들로 하여
금 '다가오는' 하나님 나라에 들어가도록 하는 데 있다는 이야기를 했는
데 얘기가 어쩐지 뒤숭숭했지? 하긴 이 아버지도 잘 모르는 얘길 하다 보
니 그럴 수밖에 더 있겠니? 알쏭달쏭 어사무사한 것은 그런 대로 두고 그
냥 성경 말씀을 따라 계속 앞으로 나아가 보도록 하자. 나중에 너희가 커
서 이 역사의 현장을 책임져야 할 때가 되면 예수님을 따라 살아가면서
그 경험을 통해 아하, 그게 이런 거였구나! 하고 깨닫게 될 것이야. 그런
깨달음이 최고지! 머리로만 아는 건 사실 쥐뿔도 아니란다. 때로는 그런
관념적 지식이 사람을 영 못 쓰게 만드는 수도 있어. 그러니 머리로 뭐가

잘 이해되지 않으면 그냥 지나쳐 버리는 거야. 죄다 알아야겠다고 끙끙 거리는 건 처음부터 어리석은 짓이거든.

평범한 어부 시몬

　　　　　　　　예수님한테는 제자가 모두 몇 명 있었지?

　__열둘이요.

　그래, 흔히 열두 제자라고들 하지. 그렇지만 예수님한테 제자가 꼭 열 두 명만 있었던 건 아니야. 유대 사람들은 12라는 수를 모자람이 없는 수 로 생각했어. 예수님은 새 이스라엘의 왕이니까 옛 이스라엘의 열두 부족 에 걸맞도록 열두 제자가 있어야 한다고 생각했던 거란다. 열둘이라는 숫 자를 말 그대로 수(數)로만 볼 게 아니라 그 수의 뜻을 읽어야 해. 그러니 까 예수님한테 제자가 열둘이 있었다는 얘기는 새 나라의 일꾼으로 모자 람이 없는 인원을 뽑으셨다는, 그런 뜻이지.

　이건 내 생각인데, 불교에서는 시방세계(十方世界)라는 말로 온 세상 을 가리킨단다. 그런데 그 시방이라는 게 뭘고 하니, 동·서·남·북 사방 (四方) 더하기 네 모서리 더하기 아래 위거든. 그래서 모두 합해 시방(十 方)이 되는 거야. 히브리 사람들은 여기에다가 안과 밖을 보태서 12를 말하는 게 아닌가 싶은데 이건 어디까지나 내 추측이고 확실한 건 모르 겠어.

　어쨌거나 그게 중요한 문제는 아니고 오늘은 예수님의 열두 제자들 가운데서도 가장 유명한 제자 한 사람에 대해서 생각해보기로 하자. 누굴까, 그 사람이?

_베드로?

맞다. 시몬 베드로야. 사람들은 그를 가리켜 예수님의 수제자(首弟子)라고 하지. 제자들 가운데서도 우두머리라는 말이야.

그러면 우선 예수님이 베드로를 제자로 삼으시는 대목부터 읽어보기로 하자. 누가복음 5장 1절에서 11절까지인데 좀 길지만, 누가 읽겠니?

_무리가 몰려와서 하나님의 말씀을 들을새 예수는 게네사렛 호숫가에 서서 호숫가에 배 두 척이 있는 것을 보시니 어부들은 배에서 나와서 그물을 씻는지라 예수께서 한 배에 오르시니 그 배는 시몬의 배라 육지에서 조금 떼기를 청하시고 앉으사 배에서 무리를 가르치시더니 말씀을 마치시고 시몬에게 이르시되 깊은 데로 가서 그물을 내려 고기를 잡으라 시몬이 대답하여 이르되 선생님 우리들이 밤이 새도록 수고하였으되 잡은 것이 없지마는 말씀에 의지하여 내가 그물을 내리리이다 하고 그렇게 하니 고기를 잡은 것이 심히 많아 그물이 찢어지는지라 이에 다른 배에 있는 동무들에게 손짓하여 와서 도와 달라 하니 그들이 와서 두 배에 채우매 잠기게 되었더라 시몬 베드로가 이를 보고 예수의 무릎 아래에 엎드려 이르되 주여 나를 떠나소서 나는 죄인이로소이다 하니 이는 자기 및 자기와 함께 있는 모든 사람이 고기 잡힌 것으로 말미암아 놀라고 세베대의 아들로서 시몬의 동업자인 야고보와 요한도 놀랐음이라 예수께서 시몬에게 이르시되 무서워하지 말라 이제 후로는 네가 사람을 취하리라 하시니 그들이 배들을 육지에 대고 모든 것을 버려 두고 예수를 따르니라

됐어. 수고했다. 시몬 베드로는 예수님을 만나기 전에 직업이 뭐였지?

＿고기잡이요.

그래, 어부였어. 그렇다면 예수님은 장차 중요한 일을 함께할 동지를 모으는 마당에, 공부 많이 한 학자나 돈 많은 부자를 택하지 않고 왜 하필이면 고기잡이 어부를 택하셨을까? 누가 한번 그 까닭을 말해보겠니?

＿어부는 마음이 착했을 것 같아요.

어부라고 해서 마음이 착하다는 보장이라도 있다는 얘기니?

＿그런 건 아니지만 어쩐지…….

그래, 그런 느낌이 중요해. 어째서 돈 많은 부자나 유식한 학자들보다 고기잡이 어부의 마음이 더 착할 것 같다는 느낌이 드는 걸까?

아버지는 예수님이 어부인 베드로를 제자로 뽑으신 까닭을 이렇게 생각해. 어부인 베드로는 노동자였거든. 노동이란 인간이 몸으로 할 수 있는 가장 단순하고 기초적이며 나아가 성스런 행위란다. 왜냐하면 그것 없이는 아무도 살 수 없으니까. 이 세상에 '노동'하지 않고 살 수 있는 사람은 없어. 도둑도 따지고 보면 노동을 하는 거 아니겠니? 그렇지만 도둑의 노동을 성스런 것이라고는 할 수 없지. 왜 그럴까? 노동에도 여러 종류가 있기 때문이야. 학자가 책을 읽고 학생을 가르치는 것도 노동이고, 국회의원이 법을 만드는 것도 노동이고, 화가가 그림을 그리는 것도 모두 노동이란다. 그러나 그런 노동과 어부나 농부가 바다와 논밭에서 하는 노동은 달라. 어떻게 다르냐 하면, 농부나 어부의 노동은 국회의원이나 학자나 화가의 노동을 가능하게 해주는, 말하자면 모든 노동의 바탕이 되는 노동이거든. 농부가 하는 일이 뭐지?

＿양식을 만들어내지요.

그래, 그들은 사람이 먹고 사는 양식을 기르지. 농부가 농사를 짓지 않으면 제아무리 훌륭한 대통령도, 제아무리 유식한 박사도, 제아무리 뛰어난 화가도 말짱 헛거야. 사람이 밥을 먹어야 무슨 일을 할 수 있지 않겠니? 그러니까 먹을거리를 생산하는 노동이 가장 기본이 되는 노동이란다. 따라서 농부(어부)야말로 모든 노동자들 가운데 가장 으뜸인 노동자야. 예부터 농자천하지대본(農者天下之大本)이라고 하지 않았니? 농사가 온 세상의 가장 큰 뿌리라는 말이지. 그런데 요즘은 '농자천하지대똥'이 되었으니 우리나라가 이 모양으로 농민을 우습게 보고 농사를 천대하다가는 아무래도 망하고 말 거다.

먹을거리를 생산하는 노동 덕분에 축구 구경도 하고 음악회에도 가고 국회를 열기도 하는 거야. 그러니까 생산 노동은 그 밖의 다른 모든 노동을 낳는 어머니 노동이라고 할 수 있지. 그런데 자식 노동이 어머니 노동을 깔보고 짓밟는다면 어떻게 되겠니? 그런 집안은 망할 수밖에 없어. 물론 모든 사람이 농촌에서 농사를 지어야 한다는 건 아니야! 그럴 수도 없고 그래서도 안 돼. 그러나 모든 사람이, 어떤 노동이 가장 성스럽고 기본적인 노동인지를 알아야 해. 그리고 그 성스런 노동을 하는 사람을 존중해야 하는 거야.

예수님이 하고많은 사람들 가운데서 하필이면 어부인 시몬을 불러 당신의 수제자로 삼으신 까닭을 이제 알겠니? 그분이 만일 유대가 아니라 우리나라에 오셨더라면 틀림없이 농부를 제자로 삼으셨을 거야. 여기는 농업이 주였으니까.

시몬 베드로는 어부였고 따라서 그때 사회에서 가장 흔하게 만날 수 있는 평범한 사람이었어. 이 점이 또 아주 중요하단다. 평범하고 흔히 대할 수 있는 사람이라야 예수님과 함께 하나님 나라를 세우는 일을 할 수 있었던 거야. 세상에서 제일 귀중한 게 무엇이지?

_…….

그럼, 세상에서 제일 비싼 게 무엇이니?

_다이아몬드요?

아니야. 세상에서 가장 귀중한 것은 생명이야. 생명이 없다면 다이아몬드가 가마니로 있어도 소용이 없지. 그런데 이 생명을 유지하는 데 금이 더 필요하니, 쌀이 더 필요하니?

_쌀이지요.

맞았어. 생명에는 금보다 쌀이 더 필요해. 쌀보다 물이 더 필요하고 물보다 공기가 더 필요해. 쌀은 한 달쯤 못 먹어도 살지만 물은 며칠만 못 먹어도 죽거든. 또 물은 며칠 동안 안 먹어도 살 수 있지만 공기는 단 몇 분만 안 먹어도 죽지. 그러니까 금보다 쌀, 쌀보다 물, 물보다 공기가 우리에게는 귀중한 거야. 그런데 하나님은 귀중한 것일수록 흔하게 만드셨단다. 금보다 쌀, 쌀보다 물, 물보다 공기가 더 흔하지 않니? 그러니까 이른바 드문 것이 귀하다는 '희소가치'란 말은 적어도 생명에 관한 한 잘못된 말이야. 생명한테는 가장 흔한 것이 가장 귀중하고 값진 것이지.

사람도 그렇단다. 가장 흔한 사람이 가장 귀중한 사람이야. 물론 사람을 놓고 비싼 사람, 싼 사람 나눌 수는 없겠지만, 말하자면 몇 안 되는 특별한 사람보다는 이름 없는 대중(大衆)이 더 귀중하다는 말이지. 그러니까 특별한 소수가 보통의 다수를 받들어 섬겨야 하는 거야. 그런데 세상은 그 반대 아니냐? 이름 없는 수많은 백성이 몇 안 되는 정치 지도자를 섬기고, 무식한 대중이 유식한 지식인을 떠받드는 세상은 뭔가 잘못된 거야. 예수님은 이런 세상을 다시 바로잡으려고 오셨기 때문에, 당시에 가장 흔한 사람인 어부를 제자로 삼으셨어. 아버지는 그렇게 생각해.

사람을 낚는 사람

예수님이 시몬에게, 깊은 데로 가서 그물을 쳐 고기를 잡으라고 하셨을 때 시몬이 뭐라고 대답했지? 5절을 읽어봐.

__선생님 우리들이 밤이 새도록 수고하였으되 잡은 것이 없지마는……

잠깐! "없지마는" 그래, 바로 이 말이 중요한 말이야. 고기 잡는 일이라면 우리가 전문가올시다. 우리가 밤새도록 애썼으나 한 마리도 못 잡았습니다. 그렇습니다만, 선생님이 말씀하시니 그물을 치겠습니다. 바로 이 '그렇습니다만'이 시몬을 예수님의 제자로 만든 말이란다. 만일 그가 이 말을 하지 않았더라면? 고기를 잡았을 리 없고 따라서 예수님에게 "주여 나를 떠나소서 나는 죄인이로소이다" 하고 말하지도 않았겠지. 내 생각에는 이러이러합니다만, '그러나' 선생이 말씀하시니 그대로 하겠습니다. 이 태도가 바로 참된 제자의 태도야. 자기의 뜻을 꺾고 선생님의 뜻을 따르는 거지. '그러나'란 접속사는 앞의 말을 뒤집으며 새 말을 내놓는 접속사란다. '그리고'나 '그래서'와는 다르지. 이런 접속사를 역접속사(逆接續

詞)라고 하는가 보더라. 그래서 키에르케고르라는 철학자는, 신앙이란 역설(paradox)이라고 했어. 인간의 논리로는 담을 수 없는 내용이 곧 신앙이라는 거야.

생각해보렴. 시몬이나 그의 동업자들은 모두 호숫가에 살면서 고기잡이로 잔뼈가 굵은 사람들인데 목수 출신인 예수님이 어떻게 고기 잡는 일을 그들보다 더 잘 알겠니? 그러니까 그의 말을 듣는다는 게 사리(事理)에 맞지 않는 일이지만, 시몬은 '그렇지만' 하고 그 역설(逆說)을 받아들였던 거야.

그 결과 어떻게 됐니? 고기가 무지무지 많이 잡혔지. 신나는 일이지! 그런데 베드로는 어떻게 했지? 오히려 두려워했어. 많은 고기를 잡고 보니, 예수님이 보통 분이 아니라는 사실을 알게 된 거야. 그의 눈에는 두 배를 가득 채운 고기 대신에, 자기 같은 보통 사람이 상대할 수 없는 어떤 신비스런 인물이 보였던 거야. 그래서 그는 "주여 나를 떠나소서 나는 죄인이로소이다" 하고 말했지. 고기를 잡기 전에는 '선생님'이라고 불렀는데 고기를 잡은 뒤에는 '주'라고 불렀어. 상대방을 보고 '주'라고 부르는 것은, "나는 당신의 종입니다" 하고 말하는 것 아니겠니? 그러나 베드로는 예수님한테 자기를 떠나달라고 말씀드렸어. 자기가 상대할 수 없는 분이라고 생각했거든. 말하자면 자기의 정체(正體)를 알게 된 거야. 이사야는 성전에서 하나님의 영광을 보고, "나는 입술이 부정한 백성 중에 거주하는 입술이 부정한 자"라고 고백했지. 입술이 더럽다는 말은 입으로 하는 말[言語]이 더럽다는 말이고 말이 더럽다는 말은 속마음이 더럽다는 말이지. 아무튼 베드로나 이사야나 거룩하신 분 앞에서 자신의 초라하고 더러운 모습을 보고 고백한 점에서는 똑같아.

시몬이 예수님의 정체를 보고 동시에 자신의 정체를 깨달아 알고는, 고기를 많이 잡아서 신나기는커녕 오히려 겁에 질렸을 때 예수님은 그에게 말씀하셨어. "무서워하지 말라. 이제 후로는 네가 사람을 취하리라." 이제까지는 고기를 잡는 어부였는데 이제부터는 사람을 잡게 되리라는 말씀이지.

"사람을 취한다." 너희들 이 말이 무슨 뜻이라고 생각하니?

＿전도하는 거 아녜요?

흔히 그렇게 말하지. 크게 보면 틀린 말이 아니지만, 방금 네가 한 '전도' 라는 말을 좁은 뜻으로 풀어서, 안 믿는 사람을 교회로 데리고 나오는 것으로 이해한다면 사람을 취하는 것이 전도하는 것이라는 말은 잘못된 말이야. 예수님은 사람을 취해서 자기네 패거리를 키우는 일에 조금도 관심을 두지 않으셨거든. 성경을 읽다보면 실제로 베드로가 예수님을 따라다니며 '전도' 를 해서 많은 사람을 자기네 패로 끌어들이는 일을 한 적이 없어. 나중에, 예수님이 세상을 떠나신 다음, 성령을 받은 베드로가 설교를 해서 하루에 3,000명이나 신자가 되었다는 기록이 있지만 그것도 그의 힘찬 설교로 이루어진 결과가 그랬을 뿐이지 그러려고 설교를 한 것은 아니라는 점을 알아야 해. 사람을 취한다는 말은, 노동자 시몬의 삶이 이전까지는 물질(돈)을 중심으로 돌아갔지만 이제부터는 사람을 중심으로 돌아간다는 그런 말로 읽어야 한단다. 어부가 고기를 왜 잡겠니? 고기가 무슨 원수라도 돼서 복수하는 건 아닐 테고, 결국은 고기가 돈이 되기 때문에 잡는 것 아니겠어? 그러니까 어부가 고기를 잡는 것은 말하자면 바다에서 '돈'을 잡는 것이지. 그런데 돈을 왜 잡지? 그것으로 쌀도 사고 옷도 사고 그래서 먹고살려고 잡지 뭐. 그래, 사람이 산에서 금을 캐고 바다에서 고기를 잡는 것은 모두 살려고 그러는 거야. 목적은 '생명'에 있지. 그런데 사람이란 멍청한 구석이 있어서 쉽게 진짜 목적을 잊고는 마치 금 캐고 고기 잡는 것이 인생의 목적인 양 살아가기 쉽단다. 한번 주위를 살펴보렴. 저마다 입으로는 '돈보다 사람'이라고 하지만 살아가는 모양을 보면 '돈 때문에' 사람이 눈에 보이지 않는 그런 사람이 얼마나 많이 있니? 돈 때문에 부모 형제도 등지고 돈 때문에 사람을 죽이기도 하잖아? 이 모든 일이 자기의 진짜 목적을 놓쳐버리고 엉뚱한 데 넋을 빼앗긴 결과란다. 살려고 돈을 버는 게 아니라 돈을 벌려고 사는 거야. 그저 돈, 돈, 돈만 보이는 눈을 뭐라고 하는지 아니? 돈독(毒)이 올랐다고 하지.

고기(돈) 잡는 어부가 사람 잡는 어부로 바뀐다는 말은, 돈을 벌려고 일하는 노동자가 사람답게 살려고 일하는 노동자로 바뀐다는 말이야. 돈 중심이 아니라 생명 중심으로 살아가는 진짜 사람으로 바뀌는 거지. 바로 이 놀라운 변화가, 주님이 베드로에게 약속해주신 것이었고, 과연 시몬 베드로는 예수님을 만나 인생이 송두리째 바뀌었구나. 더는 배와 그물에 매달려 있을 필요가 없었지. 이 말은 그들이 노동을 버리고 무슨 방랑자처럼 건들거리며 돌아다니는 떠돌이가 되었다는 말이 결코 아니야. 돈 벌려고 일하던 사람이 사람답게 살려고 일하는 사람으로 바뀌었다는, 그런 뜻이지.

전쟁과 종교와 예수 족보

하나님은 당신의 피조물 속에 계신 분이란다. 언젠가 말
했듯이. 소리가 흙으로 저 인형들을 빚어 만들듯이 만물
을 만드신 게 아니라 어머니가 너희들을 낳았듯이 그렇게
지으셨어.

전쟁과 종교

드디어 전쟁(1990년 일어난 1차 걸프전쟁)이 터졌구나! 아버지는 미국 대통령 부시가 1월 15일(유엔이 이라크에게 쿠웨이트에서 물러나라고 못 박은 날, 1990)을 앞두고 모든 일을 중단한 채 혼자서 기도한다는 기사를 읽고 '혹시 전쟁이 안 터질는지도 모르겠구나' 했는데, 그 혹시나가 역시나로 돼버렸지 뭐냐. 내가 혹시나 한 것은, 만약 부시 대통령이 하나님에게 "하나님, 후세인이 자꾸만 말썽을 피우고 약을 올리는데 어떻게 할까요? 전쟁을 할까요?" 하고 기도했다면, 하나님께서 이렇게 대답하셨을 것이라고 생각했기 때문이다.

"내 눈에는 너도 저 사담과 별로 다를 게 없는 철부지란다. 그러니 위험한 장난은 그만두어라. 사담이 무슨 잘못을 저질렀다면 벌을 내려도 내가 내릴 것이다. 그러니 모든 무기와 군대를 거두어가지고 사막에서 물러나도록 해라. 거긴 기름 밭이 많아서 불이 한번 났다 하면 큰일이다.”

그런데 부시 대통령은 어떻게 기도했는지 아무튼 전쟁이 터지고 말았어. 사담이 군대를 몰고 쿠웨이트로 쳐들어가서 점령한 그것이 바로 전쟁의 시작이었다고 부시는 말했지만, 그런 식으로 말하자면 끝이 없는 거야. 이라크 쪽에서는 왜 그런 핑계가 없겠니? 봐라, 대번에 하는 말이, 서방 세계가 서아시아를 식민지로 다스리면서 저희 멋대로 나라를 나누어 이라크니 쿠웨이트니 했는데 본디 쿠웨이트는 이라크의 영토였다고 하지 않니? 게다가 불씨는 이스라엘이 팔레스타인을 점령하고 억지로 나라를 세운 데 있다고 주장하고 나서는 거야.

그러니 결국 부시의 주장은, 자기네 편한테는 그럴듯하게 받아들여질는지 모르나 상대방한테는 씨도 먹히지 않는 헛소리에 지나지 않지. 그러면 벌써 그건 ‘정의(正義)’가 될 수 없어. 정의란 세상 모든 사람이 “아, 그건 그래” 하고 고개를 끄덕일 수 있어야, 그래야 비로소 정의거든. 그러니까 어쩌면 인간들 사이에 참된 정의는 세울 수 없다는 주장이 옳을는지도 모르겠다. 그런데도 부시는 이번 전쟁이 세계 평화와 질서를 세우려는 ‘정의의 전쟁’이라고 하는구나. 이런 걸 두고 “억지 부린다”고 하는 거야.

물론 아버지는 부시만 나쁘다고 보지는 않아. 사담 후세인도 문제가 있어. 골치 아픈 사람이지. 그렇지만 세상에는 언제 어디나 골치 아픈 사람이 있게 마련 아니니? 문제는 우리(인류)가 그런 사람을 어떻게 없애버릴 것이냐, 그 방법에 있어. 이쯤 되면 주장이 여러 가지로 나올 수 있겠지만, 옛날 성현들 말씀이나 성경 말씀을 들어볼 것 같으면, 적어도 부시

대통령의 미국을 비롯한 다국적 군대가 지금 하는 방식으로는 안 된다는
점만은 분명해. 노자의 말을 들어보겠니?

> 무지한 백성이 죽음을 두려워하지 않는 데야 어떻게 죽임으로써 그들을
> 두려워하게 하겠는가? 만약에 백성이 죽음을 두려워하면서 엉뚱한 망나
> 니짓을 한다면 내가 그를 잡아서 죽이겠다. 그러면 누가 감히 망나니짓을
> 하겠느냐?(문제는 아무도 죽음을 겁내지 않는다는 점이야. 이라크에는 자
> 살특공대까지 있다지 않니? 그러니까 말하자면 모두들 제정신이 아니라
> 미쳐 버렸다는 거지.—인용자) 언제나 죽이는 일을 맡은 자가 있어서 죽
> 이게끔 되어 있는데〔여기서 ‘죽이는 일을 맡은 자’ 란 하늘 또는 도(道)를
> 가리킨다고 보면 돼.—인용자〕 어떤 인간이 나서서 그를 대신한다면 이를
> 두고 큰 목수를 대신하여 나무를 깎는 것과 같다고 말하는 것이다. 큰 목
> 수를 대신하여 나무를 깎는 자로서 그 손을 다치지 않는 자 드물다.

노자의 말대로 하면 지금 부시 대통령은 사담의 이라크에 대하여 ‘큰
목수를 대신하여 나무를 깎는 자’ 노릇을 하겠다고 자진해서 나선 셈이
되는 거야. 노자의 가르침인즉 "아서라, 그러는 게 아니다. 아무나 다 하
늘의 일을 대신할 수 있는 게 아니야"쯤 되겠지.

예수님도 "비판을 받지 아니하려거든 비판하지 말라. 너희가 비판하는
그 비판으로 너희가 비판을 받을 것이요, 너희가 헤아리는 그 헤아림으로
너희가 헤아림을 받을 것이니라. 어찌하여 형제의 눈 속에 있는 티는 보
고 네 눈 속에 있는 들보는 깨닫지 못하느냐. 보라, 네 눈 속에 들보가 있

는데 어찌하여 형제에게 말하기를 나로 네 눈 속에 있는 티를 빼게 하라 하겠느냐."(마태복음 7:1~4) 이렇게 말씀하셨지 않니?

미국은 이라크가 쿠웨이트를 무력 침공했기 때문에, 말하자면 버릇도 고쳐줄 겸 벌도 내릴 겸 혼쭐을 내주는 것이라고 말을 하지만, 그럴 자격이 미국한테는 없다는 게 예수님 말씀의 뜻이란다. 왜냐고? 미국이나 이라크나 속 다르고 겉 다르기는 마찬가지요, 결국은 그놈이 그놈이기 때문이지. 쿠웨이트가 그동안 미국 편이 아니고 소련 편이었다면, 그리고 이라크가 미국 쪽에 가까운 나라였다면, 그래도 저렇게 미국이 나서서 이라크를 벌주겠다고 설칠까? 그럴 리가 없지. 미국이 어떤 나란데! 자기네 농민들 살 궁리를 하기 위해서라면 한국이라는 조그만 나라의 농사꾼쯤 거덜이 나서 거지가 돼도 좋다는 그런 나라인데, 그런데 이라크가 비록 우리 편이지만 무력으로 남의 나라를 침공했으니 벌을 줘야 한다고 나설까? 아버지 생각에는 그러기를 바라느니 차라리 해가 서쪽에서 뜨기를 바라는 게 낫겠다!

너희들 잘 알아둬. 미국은 결코 천사들의 나라가 아니란다. 아름다울 미(美) 자가 그 나라 땅덩어리에는 어울릴는지 모르나 그 나라의 정부나 정책하고는 눈곱만치도 어울리지 않는 그런 나라지. 그러면 악마들의 나라냐 하면 그것도 아니야. 그저 어느 나라나 다 그렇듯이 미국도 인간들의 나라, 죄 많은 인간, 탐욕스런 인간, 또 그런 것을 부끄러워하는 인간들의 나라야. 그러니까 미국이 나서서 이라크에 벌을 내릴 자격도 없고 그럴 능력도 없는 건데, 자꾸만 이번 전쟁을 '정의로운 전쟁'이라고 하니 그게 참 딱하단 말이다.

딱하기는 사담 후세인도 마찬가지야. 쿠웨이트에 석유가 한 방울도 안 나오고 온통 쓸데없는 모래밭뿐이라면, 그래도 사담이 "잃어버린 영토를 되찾겠다"면서 쿠웨이트를 무력으로 침공했겠니? 꿍꿍이속은 엉뚱한 데 있으면서 겉으로 말하기는 아랍의 평화와 안녕을 지키는 '거룩한 전쟁[聖戰]'이라 떠들어대고 있으니, 언제까지 자기네 민족과 인류를 함께 속이려는 건지 모르겠구나.

게다가 더욱 한심한 것은 양쪽 진영의 최고 지도자가 모두 '유일신(唯一神)'을 믿는 종교인이라는 점이야. 한마디로 이건 말이 안 돼. 알라라는 이름으로 부르든 야훼라는 이름으로 부르든 아무튼 그들은 자기네가 믿고 섬기는 하나님이 온 우주에 '한 분뿐이신 하나님'이라고 주장하는데, 그렇다면 그것은 유일신을 믿는다고 말만 하고 믿지 않는 것이든지 그게 아니면 자기네가 믿는 하나님의 뜻을 거역하는 것이지. 생각해보렴. 세상에 하나님이 한 분뿐이라면 온 세상 모든 인간이 다 그분의 자식들 아니겠니? 그렇다면 지구 위에 살고 있는 모든 인간이 다 형제요 자매인데 어떻게 전쟁을 할 수 있겠어? 안 그래? 소리가 아무리 잘못한다고 해도 슬기하고 기림이가 한꺼번에 죽여버리겠다고 덤벼들 수 있겠니?

＿그렇지만 형제끼리도 싸울 수는 있잖아요? 우리도 가끔 싸우는데.

물론 싸울 수 있지. 그렇지만 죽이는 건 안 돼. 그렇지? 죽여버리는 건 있어선 안 되는 일이야. 그런데 전쟁이란 그냥 치고받고 싸우다가 툭툭 털고 일어서는 게 아니라 상대방을 죽여버리는 거야. 그러니까 한 분 하나님을 믿는다면서 '전쟁'을 벌이다니, 안 될 일이지. 하물며 그 전쟁 앞에다가 정의니 성(聖)이니 하는 수식어를 붙일 수는 없어. 거룩한 전쟁도 없고 의로운 전쟁도 없단다. 모든 전쟁이, 그 앞에다가 제아무리 그럴 듯한 수식어를 붙인다 해도, 결국은 '한 분이신 아버지'와 그 자식인 인간의 가슴에 칼을 꽂는 사악한 반역일 뿐이거든! 그러니까 정말로 유일신을 믿는 종교인이라면, 모든 전쟁에 대하여 그 전쟁을 반대하는 일밖에 다른 아무것도 할 수 없는 거야.

그런데 참으로 안타깝고 미안한 일이지만 이 지상에서 벌어진 숱한 전쟁들이 '종교'의 이름으로 저질러졌단다. 있을 수 없는 일이 벌어진 거지. 결국 종교의 이름으로 자신의 이기적 욕심을 채우려는 인간들이 그런 터무니없는 짓을 저질렀다고 봐야겠지. 아버지는 이번 걸프전쟁이 또 다른 종교전쟁이 될 것 같아서 불안하구나. 우리는 한 분이신 아버지를 믿는다면서 어떤 명분으로든 전쟁을 찬성해서는 안 돼. 인간이 인간을 죽이고, 나아가 자연까지 죽이는 전쟁을 반대하지 않는다면 그 사람은 그리스도교 신자가 아니야. 그럴 리가 없긴 하지만, 만일 그리스도교가 우리에게 그리스도인 아닌 어떤 '인간'을 죽이라는 명령을 내린다면 우리는 그 그리스도교를 버려야 해. 왜냐하면 그리스도교가 사람을 위해 있는 거지 사람이 그리스도교라는 한 '종교'를 위해 있는 건 아니니까. 알아듣겠니?

_잘 모르겠어요. 그렇다면 그리스도교를 위해서 순교한 이들은 어떻게 되는 거예요?

그 누구도 '그리스도교'를 위해서 죽은 건 아니야. 만일 그랬다면 그건 잘못된 죽음이지. 겉으로는 그렇게 보일는지 모르지만 사실은 그리스도교가 지닌 진리, 곧 사람이 사람으로 살아가는 길[道]을 올곧게 걷다보니까 죽임을 당한 거야. 종교와 종교가 가리키는 길을 혼동하면 곤란해.

__그럼, 불교 신자들이 싸움을 걸어와도 그들과 전쟁을 하면 안 돼요?

안 되지. 불교 신자든 이슬람교 신자든 또는 무신론자든 모든 인간이 우리와 똑같은 하나님의 자녀니까. 그렇지만 싸움을 걸어오는 자들에게, 너희가 지금 잘못을 저지르고 있다는 것을 가르쳐주기는 해야지. 예수님처럼.

__그러면 결국은 죽임을 당하고 말잖아요?

그럴 수도 있지, 예수님처럼.

__에이, 그런 게 어디 있어요? 상대방이 아무 까닭도 없이 가만 있는 사람을 죽이러 오는데 나가서 싸우지 말란 말이에요?

아무튼, 어떤 명분으로든 전쟁은 안 돼. 예수님이 잡히시던 그날 새벽, 베드로가 칼을 빼어 어느 군인의 귀를 잘랐을 때 예수님이 뭐라고 하셨지? "네 칼을 도로 칼집에 꽂으라. 칼을 가지는 자는 다 칼로 망하느니라"고 하셨어. 상대방이 내 가슴을 칼로 찌르더라도, 찔리는 건 되지만 찌르는 건 안 돼. 부처님도 제자에게 말씀하시기를 "네 가슴을 칼로 찌르는 자에게 '네가 부처다' 하고 말할 수 있어야 참 깨달은 자"라고 하셨더라.

__그래도 그건 너무해요.

그러니까 '종교'지! 이런 말을 하면 어떤 사람은, 그건 어디까지나 종교인의 헛소리에 지나지 않는다면서 웃는데, 아마 그래서 노자가 "어리석은 자가 도(道)를 들으면 크게 웃는다. 그가 웃지 않으면 도라 할 수 없다"고 했는지도 모르겠구나.

그리스도인이건 이슬람교인이건 힌두교인이건 불교인이건 세상의 모든 '종교인'이 어서 정신을 차려 참종교의 길을 찾아야 할 텐데, 큰일은 큰일이다. 이번 전쟁으로 말미암아 인류가 좀더 높은 깨달음으로 한 발짝 나아간다면 그나마 다행이련만.

전쟁과 예수 족보

　　　　오늘은 전쟁 얘기가 나온 김에 왜 우리가 전쟁을 반대해야 하는지 조금 더 생각해보기로 하자. 누가복음 3장 끝에 보면 예수님 족보가 있는데 누가 좀 읽어보겠니? 23절부터다.

　＿예수께서 가르침을 시작하실 때에 삼십 세쯤 되시니라 사람들이 아는 대로는 요셉의 아들이니 요셉 위는 헬리요 그 위는 맛닷이요 그 위는 레위요 그 위는 멜기요 그 위는 얀나요 그 위는……

　그만, 그만 읽고 37절부터 읽어봐. 그게 그거 같은 사람 이름만 나오니까. 발음하기도 힘들고.

　＿……그 위는 므두셀라요 그 위는 에녹이요 그 위는 야렛이요 그 위는 마할랄렐이요 그 위는 가이난이요 그 위는 에노스요 그 위는 셋이요 그 위는 아담이요 그 위는 하나님이시니라

　수고했다. 맨 끝 절을 한 번 더 읽어주겠니?

　＿그 위는 에노스요 그 위는 셋이요 그 위는 아담이요 그 위는 하나님이시니라

　됐어. 자, 이 족보를 마태복음 1장에 있는 족보하고 잠깐 비교해볼까? 마태복음의 족보는 누구한테서 내려와 누구한테서 끝나지?

_아브라함한테서 내려와 예수님한테서 끝나요.

그래, 그런데 누가복음 족보는 누구한테서 시작하여 어디까지 올라가니?

_예수님한테서 시작하여 하나님한테까지 올라가요.

그러면 마태하고 누가는 왜 다르게 기록했을까?

_……?

그건 이 '족보'가 단순한 역사의 기록으로 그치는 게 아니라 그 속에 기록자의 숨은 뜻을 담고 있기 때문이야. 그러니까 누가의 예수님 족보는 역사적인 문서이면서 동시에 신앙고백이란 말이지. 누가는 예수님 족보를, 마태처럼 아브라함(이스라엘 민족의 시조)한테서 예수까지 훑어 내려오는 대신 예수님한테서 아브라함을 거쳐 노아와 아담한테까지 거슬러 올라가 마침내 하나님께 이르는 것으로 기록했는데, 이것은 누가가 지니고 있는 어떤 '믿음'을 나타낸 것이라고 봐야 해. 그게 뭘까? 그는 마태와 달리 어떤 '믿음'을 지니고 있었을까?

_마태는 예수님을 아브라함의 자손으로 보았는데 누가는 하나님의 자손으로 본 것 아닐까요?

그래, 바로 그거야. 마태도 누가도 둘 다 틀리지는 않았지만, 예수님에 대한 해석에 차이가 있다고 봐야겠지. 누가는 이스라엘 사람 예수보다 하나님의 자손인 예수를 좀더 분명히 밝히고 싶었던 거야. 물론 예수님은 이스라엘 사람이지. 그렇지만 하나님의 사람이기도 하거든. 여기 너희들 앞에 있는 이 사람은 이현주라는 이름으로 통하는 '물건〔一物〕'인데 이 물건은 이기림의 아버지도 되지만 정용숙이라는 여자의 남편도 되고 또

단군 할아버지의 자손도 되지만 예수님처럼 아담의 후손이자 하나님의 아들도 되지.

그렇다면 왜 누가는 예수님 족보를 하나님한테까지 연결시켰겠니? 결국 "이 세상 모든 사람이 다 예수님과 한 핏줄 한 동포다"라는 자기 생각(믿음)을 그런 식으로 표현하려 한 것 아닐까? 이 말을 다르게 표현한다면 "이 세상 모든 사람이 한 아버지의 한 자식이다"가 되겠지.

그렇다면 누가의 예수 족보가 지니는 '뜻'에 비추어 볼 때 우리가 어째서 모든 전쟁에 반대해야 하는지 그 까닭을 알 수 있겠지? 미국 미사일이 이라크 사람을 죽이고 이라크 미사일이 이스라엘 사람을 죽일 때, 그 죽어가는 사람은 다름 아닌 바로 하나님의 아들 딸이거든. 하나님 아들을 죽이는 건 하나님을 죽이는 것과 마찬가지야. 하나님은 당신의 피조물과 따로 떨어져 상관없이 존재하는 신(神)이 아니라 모든 피조물 속에 그것들을 꿰뚫어 존재하는 분이니까. 누가 에베소서 4장 5~6절을 읽어주겠니?

_주도 한 분이시요 믿음도 하나요 세례도 하나요 하나님도 한 분이시니 곧 만유의 아버지시라 만유 위에 계시고 만유를 통일하시고 만유 가운데 계시도다

알겠니? 하나님은 당신의 피조물 속에 계신 분이란다. 언젠가 말했듯이, 소리가 흙으로 저 인형들을 빚어 만들듯이 만물을 만드신 게 아니라 어머니가 너희들을 낳았듯이 그렇게 지으셨어. 그러니 상대방이 어떤 모양을 지니고 어떤 종교를 믿고 어떤 국적에 속하든, 사람인 이상 그를 공격하는 것은 곧 하나님을 공격하는 거야.

애들아, 우리 이번 전쟁이 어서 끝나기를 기도드리자. 그리고 이왕 터진 전쟁이니 아무쪼록 이 세상 사람들, 특히 '종교인'들부터 우리 모두가 한 몸이라는 사실을 깨닫고, 나 없이는 너도 없고 너 없이는 나도 없으니 모두 어우러져 살아가는 길을 찾아보는 계기가 되도록 기도드리자. 사람이란 아픈 경험을 통해서 새로운 것을 깨우치게 돼 있어. 그러니 이번 전쟁을 겪으면서도 많은 것을 배우게 되겠지.

아무런 조건 없이 우리는 전쟁을 반대해야 해. 한 분 아버지이신 하나님을 믿으니까! 믿음은 머리로 하는 생각이 아니라 몸으로 하는 실천이야. 그러니 우리는 생명까지 내놓고 이 악마의 놀음인 전쟁에 반대해야 하는 거야.

옛날 예언자들이 꿈꾸던 하나님 나라는, 전쟁에 쓰던 칼과 창을 녹여 삽과 보습을 만드는 그런 나라였지. 인간은 아마도 그 나라의 자랑스러운 시민이 되기 위하여 이토록 참혹한 전쟁을 통해 교훈을 받아야 하는가 보다. 우리가 비록 지금 전쟁이 벌어지는 슬픈 세상을 살고 있다 해도, 칼을 녹여 보습을 만드는 그 나라 시민의 삶을 미리 살 수 있다면 쉽지는 않겠지만 그 얼마나 떳떳하고 자랑스러운 일이겠니?

새 술은 새 부대에

생명이란 언제 어디서나 한결같은 방향성(orientation)을 지니고 있단다. 어디에서 어디로 향한 방향성이냐 하면 속에서 겉으로, 안 보이는 데서 보이는 데로지.

죽음에서 삶으로

봐라, 죽은 듯 굳어 있던 들판이 기지개를 켜며 봄맞이를 하고 있구나. 나무마다 싹이 트고 가지마다 꽃망울이 맺혀 산천에 봄기운이 가득하지 않니? 아버지는 새싹이 돋아나는 나뭇가지를 볼 적마다 '하나님의 손길이 참 섬세하고 치밀하구나' 라는 생각을 하게 되더라. 어쩌면 그 숱한 가지마다 단 하나도 빠뜨리는 일 없이 새 잎을 낸단 말이냐? 혹시 한 개쯤 빠뜨릴 수도 있을 텐데……. 살아 있어 빠짐없이 새싹을 틔우는 나무들의 눈을 보자면 하나님이 살아 계시다고 말하지 않을 수가 없구나.

겨울 동안 나뭇가지는 딱딱하게 굳어지지. 그렇지만 그 속에 생명이 감추어져 있어서 때가 되니 저렇게 보드라운 속살이 나오는 거야. 봐라,

이 연두색 연한 싹이 바로 하나님이야. 이게 바로 생명이고, 사랑이고, 그러니까 이게 바로 하나님이란다. 눈이 열리고 귀가 뚫린 사람한테는 삼라만상이 모두 부처님 말씀〔說法〕이라는 말이 있어. 봄이 됐으니 새싹이 나는구나, 하고 그냥 다 아는 척 넘어가지 말고 보이는 것 뒤에 감추어져 있는 하늘의 비밀을 들여다보는 그런 눈을 뜨도록 해라. 만물이 한 송이 꽃〔萬物一華〕이라는 말 들어 봤어? 우리 눈에 보이는 저 모든 것이 한 분 하나님의 꽃이라는 말이야. '신(神)의 현존(現存)'이라는 신비에 눈을 뜨면 누구나 그 비슷한 말을 하게 되는가 보더라. 히브리 철학자인 아브라함 헤셸(Abraham J. Heschel)은, "존재하는 것은 (하나님을) 드러내는 것"이라고 했어. 세상 모든 것들이 '보이지 않는' 하나님을 드러내 보여준다는 말이지. 너희들 〈참 아름다와라〉 찬송 알고 있지? 함께 불러보자. 아버지는 그 노래 언제 불러도 좋더라.

> 참 아름다와라 주님의 세계는 저 아침 해와 저녁놀 밤하늘 빛난 별
> 망망한 바다와 늘 푸른 봉우리 다 주 하나님 영광을 잘 드러내도다.
> 참 아름다와라 주님의 세계는 저 산에 부는 바람과 잔잔한 시냇물
> 그 소리 가운데 주 음성 들리니 주 하나님의 큰 뜻을 내 알 듯하도다.

겨울 동안 죽은 듯 얼어붙었던 산과 들판이 풀리며 그 속에서 파릇파릇 새싹이 움터 나오는 것을 보면 '아아, 바로 이것이 생명이로구나! 아무도 억누르거나 가로막을 수 없는 생명의 활력이 바로 이것이로구나!' 하고 놀라지 않을 수 없지. 그런데 가만 살펴보면 죽음의 모습과 삶의 모습

이 서로 다른 것을 금방 알 수 있어. 죽은 것은 딱딱하고 살아 있는 것은 부들부들하거든. 그래서 노자는 이렇게 말했지.

> 사람의 살아 있음은 부드럽고 약하며, 그 죽음은 단단하고 강하다. 만물 초목의 살아 있음은 부드럽고 무르며, 그 죽음은 말라서 단단하다. 그런즉 단단하고 강한 것은 죽은 무리요, 부드럽고 약한 것은 살아 있는 무리다.

이것은 사람의 육신이나 초목의 경우뿐만 아니라 보이지 않는 정신세계에서도 마찬가지란다. 오히려 정신이 단단하게 굳어진 게 더 큰일이야. 육신의 죽음이야 땅 파고 묻어버리면 그만일 수 있지만 정신이 굳어진 사람은 간단하게 처리할 수가 없거든. 정신이 딱딱하게 굳어져 있는 사람은 좀처럼 남의 말을 들으려 하지 않고 저만 옳다고 고집을 부리지. 그런 사람이 학교 선생 노릇을 하면 그 밑에서 배우는 학생들이 숨도 제대로 못 쉬고 마치 나무로 깎아 만든 인형처럼 위에서 시키는 대로 딱딱하게 움직이지 않겠니? 그러면 결국 그 선생은 자기만 죽어 있는 게 아니라 남까지 죽이는 거야. 딱한 일이지! 그런데 이런 딱한 일이 자꾸만 생겨나는구나.

살아 있는 것은 늘 부드럽고 새롭지만 죽은 것은 반대로 딱딱하고 변함이 없어. 사람의 육신도 그렇고 정신도 그래. 그래서 옛날 탕왕(湯王)은 목욕하는 통에다가, "참으로 날마다 새롭고자 하거든 날마다 새롭고 또 날마다 새롭게 하라〔苟日新, 日日新, 又日新〕"는 글을 새겨놓았다더라. 한 번 새로워지는 것만으로는 안 돼. 날마다 순간마다 새로워져야 하는 거야. 사도 바울도 어디선가 "내 겉사람은 날마다 낡아가지만 속사람은 날

마다 새롭다"고 말한 적이 있어. 한 번 새로워진 것 가지고는 안 돼. 시간
이 흐르면서 다시 낡은 것으로 굳어지거든. 흔히 개혁교회를 영어로 '리
폼드 처치(reformed church)'라고 하는데 그 뜻이 '개혁된 교회'이기 때
문에 그런 표기(標記)는 잘못이라는 주장이 있어. 제대로 하려면 '리포밍
처치(reforming church)', 그러니까 '(끊임없이) 개혁하는 교회'라고 해야
한다는 거지. 맞는 말이야. 교회는 살아 있는 그리스도의 몸이므로〔교회는
그의 몸이니 만물 안에서 만물을 충만하게 하시는 이의 충만함이니라(에베소서
1:23)〕날마다 새롭고 또다시 날마다 새롭지 않으면 안 돼. 물론 교회는
이천 년 오랜 전통이 있고 그것을 언제나 잘 살려야 하지만, 그 전통이라
는 것이 오늘의 교회를 가두는 '무덤' 역할을 하도록 내버려두어서는 안
되는 거야. 자, 그럼 우리는 우리가 몸담은 교회를 날마다 새로운 교회로
만들려면 무엇을 어떻게 해야 할까?

생명의 법칙을 좇아서

교회가 그리스도의 몸이라는 말에는 여러 가지
뜻이 함축되어 있지만 무엇보다도 교회는 살아 있는 생명이라는 말로 알
아들어야 할 거야. '몸'이란 살아 있는 유기체를 일컫는 말이니까. 죽은
시체를 두고 '몸(body)'이라고 말하는 사람은 없어. 그러니까 교회는 살
아 있는 생명이고 살아 있는 생명이니까 날마다 새로워지지 않을 수 없는
거야. 생명은 순간순간 새로워짐으로써 비로소 생명이거든. 사실 따지고

보면 어제의 나와 오늘의 나는 똑같은 '나'가 아니란다. 사람은 끊임없이 바뀌고 있어. 다만 그 변화가 크고 갑작스레 일어나지 않기 때문에 '어제의 나'와 '오늘의 나'가 동일한 나로 생각되는 것뿐이지. 어디 사람만 그렇겠니? 이 땅에 살아 있는 모든 것이 순간마다 바뀌고 있어. 그래서 이 세상에 변하지 않는 유일한 것은 '모든 것이 변한다'는 사실이라고 말하는 거야. 동양의 철학은 일찍부터 이 '바뀜'에 주목을 했지. 저 유명한 『주역(周易)』이라는 철학서의 제목도 '두루두루 변함'이라는 뜻이야(周나라의 易이라는 설도 있지만). '역(易)'이란 '바뀜'을 뜻하는 말이거든.

공초(空超)라는 시인이 있었는데 그의 아주 유명한 구절로 "흐름 위에 보금자리 친 나의 혼"이란 말이 있어. 그 말대로 한평생을 떠돌아다니면서 물처럼 흘러간 시인이었지.

생명은 어느 한 형태로 고정돼 있는 것을 참지 못해. 너희들 신진대사(新陳代謝)라는 말 들어봤지? 새로운 것이 낡은 것을 대신하는 현상을 가리키는 말이야. 우리 몸은 한순간도 쉬지 않고 신진대사를 계속함으로써 비로소 살아 있는 거란다. 교회도 종교도 마찬가지야. 끊임없는 신진대사로 '날마다' 새롭지 않으면 그런 교회는 어딘지 병들어 있는 거야. 그러니까 스스로 갱신하지 않는 교회는 교회가 아니라고 말할 수 있어. 생명은 생명의 법칙을 좇아서 존재해야 비로소 생명일 수 있거든.

그러면 생명의 법칙이란 무엇이며 어디서 오는 걸까? 생명을 지니고 태어난 모든 '몸'은 어디서 일부러 구해오지 않아도 이미 그 속에 생명의 법칙을 안고 있단다. 그러니까 다른 말로 하면, 생명보다 생명의 법칙이 먼저 있었다는, 그런 말이지. 이건 매우 중요한 얘기니까 그냥 건성으로 그런가보다 하고 넘어가지 마라. "네가 어떻게 살아라" 하는 법칙(또는 명령)이 마련되어 있다는 말이야. 그 법칙(또는 명령)을 옛사람들은 '하늘의 명〔天命〕'이라고 했어. 그러니까 "생은 곧 명이다〔生也命也〕", 이렇게 말했지. 바로 이 하늘의 명을 좇아 살면 살고, 그것을 거역하면 망한다는 것 아니니? 그래서 아까 얘기한 히브리 철학자 아브라함 요수아 헤셀은 데카르트의 유명한 명제인 "나는 생각한다. 고로 나는 존재한다"를 바꾸어 "나는 명(命)을 받았다. 고로 나는 존재한다"고 말했어. 사람을 비롯한 모든 생명이 하늘의 명(命)을 받아서 살아가는 거야. 명을 받아 그대로 실천하는 것을 동양에서는 "법(法) 받는다"고 말해. 살아가게끔 되어 있는 그대로, 그 길〔道〕을 좇아서 살아가는 것이 곧 구도자(求道者)의 모습이지.

그렇기 때문에 언제 어디서나 '길'이 중요한 거야. 길이 아니거든 가지를 말라는 공자님 말씀도, 사람이란 제멋대로 살아가게 돼 있지 않고 태초부터 나있는 길을 따라서 살아가게끔 돼 있다는 가르침이야. 노자도 그래서 이렇게 말했어. "사람은 땅을 법 받고, 땅은 하늘을 법 받고, 하늘은 도를 법 받고, 도는 자연을 법 받는다." 이 말은 결국 사람이 자연(自然)을 법으로 받아서 살아간다는 말인데 여기서 말하는 '자연'이란 저기 창밖에 펼쳐진 물상(物象)을 말한다기보다 오히려 기독교에서 말하는 '하나님'과 가까운 뜻으로 읽어야 해. 자연이란 말의 뜻은 '스스로 그러함'인데 구약에서도 하나님은 모세가 "당신이 누구입니까?"라고 물었을 때 "나는 나인 나다(I am who I am)"라고 대답하셨거든. 인간의 언어로는 그렇게밖에 하나님을 설명할 수 없으니까, 말이 좀 이상하긴 하지만 "나는 나인 나다"라고 말씀하신 거야. 하나님은 '스스로 그러한 분'이지. 그러니까 한

문으로 '자연(自然)', 그게 곧 하나님의 모습이라고 할 수 있지 않겠니?

　이렇게 하늘의 명을 좇아 그 법칙대로 살면 그게 바로 건강한 삶이란다. 한 개인도 그렇고 가족이나 사회, 나아가서 국가도 그렇고 종교도 물론 그래. 그런데 모든 새로운 것은 세월과 함께 낡아지고 마침내 낡아진 것은 새로운 것에 밀려 사라지게(죽음) 돼 있어. 그게 바로 하늘의 법칙이요 생명의 길〔道〕이거든. 그러니까 '죽음'이라는 것이 피할 수 없는 생명의 한 과정이란 말이지. 따라서 죽음은 생명의 반대쪽에 있는 어떤 것이 아니라 생명이라는 큰 법의 한 부분인 거야. 그래서 사람은 잘 살고 또 잘 죽어야 해. 멋있게 죽는 것이야말로 큰 축복이지! 이렇게 죽음으로써 '생명'은 계속 이어지는 것이란다.

　저 나무를 봐. 매년 한 차례씩 죽고 사는 일을 거듭하지 않니? 우리의 몸도 마찬가지야. 눈에 보이지 않고 느껴지지 않아서 그렇지, 사실 우리 몸은 지금 이 순간에도 죽고 살고 죽고 살고……를 거듭하고 있는 거야. 우리 몸이 수천억 개나 되는 세포로 이루어져 있다는 건 배워서 알고 있지? 이 엄청난 세포가 저마다 살아서 움직이니까 지금 이렇게 말도 하고 생각도 하고 봄을 느끼기도 하는 거야. 건강한 세포는 때가 되면 분열을 멈추고 스스로 죽어간대. 그래서 몸의 신진대사가 이루어지는 거지.

　그런데 가끔 죽을 줄을 모르는 세포가 태어난다는구나. 그 세포 이름이 바로 암세포지. 암세포는 스스로 죽을 줄을 몰라. 언제까지나 살겠다고만 해. 그래서 자꾸자꾸 커지는 거래. 그런데 바로 이 죽을 줄을 모르는 세포 때문에 그만 사람이 죽는 거야. 바로 이것이 거역할 수 없고 거역하면 큰일 나는 '하늘의 명령〔天命〕'이요 생명의 법칙이란다.

사람의 육신만이 이 법칙 아래에 있는 게 아니야. 더불어 살아가는 사회도 그렇고 그 사회를 지탱하는 틀이라고 할 수 있는 제도나 체제 따위도 그래. 법률도 그렇지! 모든 제도와 법률은 때가 되면 새로운 것으로 바뀌면서, 낡아 굳어진 껍질로 역사의 무덤 속에 묻혀야만 해. 그런데 만일 어떤 법조문이나 제도 또는 이념 따위가 스스로 죽을 줄을 모르고 언제까지나 살아 있기를 고집한다면 그게 바로 그 시대, 인간의 생명을 진짜 죽음으로 몰고 가는 '암세포'거든.

한마디로 말해서 예수님은 당시 인간 세상을 질식시키려던 온갖 '암세포들'을 파괴하고 새로운 생명 운동을 불러일으키신 분이었어. 그러니까 당시 세계를 병들게 하던 이런저런 암세포들이 볼 때에 예수님은 천하에 고약한 파괴자요 위험인물이 아닐 수 없지. 그렇지만 예수님은 우리에게 삶의 길을 가르치신 분이요, 또 그 길을 몸소 걸으셨을 뿐 아니라 마침내 그 길이 되신 분이란다. 그분이야말로 생명의 법칙을 좇아 살아가신 분이요, 우리 모두의 모범이 되시는 참된 구도자(길을 찾는 사람)였어. 그러니까 우리는 언제 어디서나 그분의 모습을 보며 그분이 살아가셨듯이 살아감으로써 날마다 새로워질 수 있고, 그러면 자연히 우리가 몸담은 교회도 날마다 새로운 교회로 존속할 수 있지 않겠니?

새 포도주는 새 부대에

　자, 그러면 우리 예수님이 어떻게 낡은 것을 무

너뜨리고 새로운 생명의 싹을 틔우셨는지 한번 성경을 살펴보기로 하자. 누가복음 5장 33절에서 39절까지, 누가 읽겠니?

＿그들이 예수께 말하되 요한의 제자는 자주 금식하며 기도하고 바리새인의 제자들도 또한 그리하되 당신의 제자들은 먹고 마시나이다 예수께서 그들에게 이르시되 혼인 집 손님들이 신랑과 함께 있을 때에 너희가 그 손님으로 금식하게 할 수 있느냐 그러나 그 날에 이르러 그들이 신랑을 빼앗기리니 그 날에는 금식할 것이니라 또 비유하여 이르시되 새 옷에서 한 조각을 찢어 낡은 옷에 붙이는 자가 없나니 만일 그렇게 하면 새 옷을 찢을 뿐이요 또 새 옷에서 찢은 조각이 낡은 것에 어울리지 아니하리라 새 포도주를 낡은 가죽 부대에 넣는 자가 없나니 만일 그렇게 하면 새 포도주가 부대를 터뜨려 포도주가 쏟아지고 부대도 못쓰게 되리라 새 포도주는 새 부대에 넣어야 할 것이니라 묵은 포도주를 마시고 새 것을 원하는 자가 없나니 이는 묵은 것이 좋다 함이니라

그래, 짧은 구절이지만 아주 많은 뜻을 담고 있구나. 그러나 결국 요점은 38절의 "새 포도주는 새 부대에"라는 말에 있다고 볼 수 있어. 그런데 예수님이 왜 이 유명한 말씀을 하시게 됐지? 사람들이 와서 "당신 제자들은 금식을 하지 않는데 어째서 그렇습니까?" 하고, 말하자면 이의(異義)를 제기한 거야. 당시에는 경건한 신자라면 한 주에 적어도 한 번은 금식을 하는 것이 사회적 관습으로 통했거든. 그러니까 누가 일부러 시키지 않아도 사람들은 오랜 관습을 좇아서 금식을 했던 거야. "요한의 제자는 자주 금식하며 기도하고 바리새인의 제자들도 또한 그리하되 당신의 제자들은 먹고 마시나이다" 이렇게 따지는 자들의 속셈은, "당신이야말로

우리 민족이 자랑스레 여기는 거룩한 법과 관습을 파괴하는 자 아니요?"
하고 대드는 것에 있었지. 그러니까 실은 먼저 예수님 쪽에서 그들에게
도전했기 때문에 그들이 도전했던 거야. 먼저 도발한 쪽은 예수님과 그
제자들이었어. 알아듣겠니? 그들이 예수님을 먼저 공격한 게 아니라 예
수님 쪽에서 먼저 도전을 하셨다 이 말이야. 새싹은 때가 되면 두꺼운 땅
거죽을 뚫고 나오게 돼 있어. 그게 생명의 대법칙이야. 예수님은 바로 그
생명의 법칙〔法〕 자체였기 때문에, 그분의 실존(實存)이 곧 모든 낡은 것
에 대한 도전이요 공격이었지. 낡은 세력이 공연히 예수님을 싫어한 게
아니야. 다 그럴 만한 까닭이 있었어.

생명이란 언제 어디서나 한결같은 방향성(orientation)을 지니고 있단
다. 어디에서 어디로 향한 방향성이냐 하면 속에서 겉으로, 안 보이는 데
서 보이는 데로지. 모든 생명은 안에서 밖으로, 속에서 겉으로 흐르고 있
어. 그러니까 밖보다 안, 겉보다 속, 보이는 것보다 보이지 않는 것이 언
제나 더 먼저고 더 중요해. 그래서 예수님은 "어째서 당신 제자들은(그러
니까, 당신은!) 금식을 하지 않는 겁니까?" 하고 사람들이 물었을 때 겉으
로 드러나 보이는 금식이라는 행위보다 그 속에 있는 '마음'에 대해서 말
씀을 하신 거야. 금식을 하는 행위 자체도 중요하지만 더 중요한 것이 있
고 더 먼저 따져볼 것이 있는데, 금식을 할 수밖에 없도록 하는 속마음이
바로 그것이지.

"생명은 생명의 길〔法〕을 좇아야 해. 그것은 언제나 보이지 않는 속에
서 보이는 겉으로 나가게 돼 있어. 이 '화살표'를 거꾸로 돌리면 안 돼. 너
희들은 지금 생명의 화살표를 돌려놓고 거기에 맞추어 살아가겠다고 억

지를 부리고 있는 거야."

예수님은 계속해서 새 포도주를 낡은 가죽 부대에 담을 수 없다고 말씀하셨지. 낡은 부대는 단단하게 굳어서 새 술이 들어가 발효되면 결국 깨어지고 말거든. 그러나 새 가죽 부대는 아직 굳어지지 않았으니까 늘었다 줄었다 해서 새 술을 담아도 깨어지는 일이 없어.

예수님은 결국 유대교라는 낡은 가죽 부대를 깨뜨리고 만 '새 술'이었단다. 깨어진 유대교 대신에 사람들은 기독교라는 새 부대를 만들었지. 예수님은 아무리 세월이 흘러도 '언제나 새로운 사람'이야. 생명이니까! 그런데 기독교라는 부대도 세월이 흐르면서 자꾸만 굳어졌어. 어쩔 수 없는 일이지. 그래서 기독교는 한편으로 굳어지면서 한편으로 깨어지는 일을 지금까지 계속하고 있는 거야. 스스로 찢어지고 깨어지는 것이야말로 거역할 수 없는 생명의 법칙이란다. 변화를 겁내서는 안 돼.

내가 바로 안식일의 주인이다

이렇게 안식일에 대한 문답은 서로 호의를 품고 나눈 대
화가 아닌, 말하자면 선전포고라 할까? 상대가 아군이 아
니라 적이라는 사실을 확인하는 불꽃 튀는 대결이었어.

❧

　　　　요즘 아버지가 읽은 책 가운데 독일의 전기(傳記) 작가 에밀 루드비히(Emil Rudwig)가 쓴 『사람의 아들』이라는 예수전(傳)이 있는데 아주 재미있더라. 슬기는 대학생이 됐으니까 한번쯤을 내어 읽었으면 해. 예수님의 생애를 신(神)의 아들이 아닌 인간 그대로의 모습으로 그렸는데 작가의 말을 빌리면, "예수가 자기 내면의 세계를 어떻게 성숙시켰는지, 지도자로서 갖는 목적과 동기는 무엇인지, 예수의 투쟁과 연약함, 실망, 다시 말해 자존심과 겸손, 책임과 좌절, 사명에 충실하는 것과 인간적 행복에 대한 갈망 사이에서 겪는 정신적인 갈등"을 성경에 기록되어 있는 내용을 벗어나지 않으면서 차분하게 써내려간 책이야. 오늘은 안식일법을 가운데 두고 예수님이 당시의 지도층이라 할 서기관이나 바리새인들과 어떻게 맞서서 싸우셨나를 생각해보기로 하자. 마침 루드비히의 『사람의 아들』에 작가 스스로 그 책의 내용을

요약해놓은 듯한 대목이 있는데, 오늘 이야기할 내용과 연관이 있을 것
같으니 아버지가 읽어보마.

하나님의 은총으로 충만해 있었고 하늘의 아버지와 지상의 형제들과 어린
아이들과 동물들과 식물들에 대한 사랑이 흘러 넘쳤던 한 평온한 목수는
기적을 행해 달라는 민중들의 요구와 압력 때문에, 많은 사람들의 환호 때
문에, 사제들의 의심과 증오 때문에, 그의 집안 식구들의 멸시하는 태도
때문에, 그가 한 선구자적인 말과 행동과 운명 때문에 좁고 가파른 길로
내몰리게 되었으며, 이윽고 그는 자신을 고난 받는 백성이 기다리고 있는
구원자로 믿게 되었고, 그들에게 구원을 가져다주고 후에 다스리게 될 인
물로 생각하게 되었다. 처음에는 싸움터가 작게 보였으며 그 차이의 근거
들도 사소한 것처럼 보였다. 논쟁은 안식일에 밀이삭을 자르는 일이나 식
사 전에 손을 씻는 일이나 세리들이나 죄인들을 사귀는 것에서 비롯되었
다. 이 새 예언자는 민중들에게 계명을 무시하라거나 규범들을 소홀히 하
라거나 제사를 등한시하라고 촉구한 일이 없었다. 비록 그렇게 하는 것이
그의 구미에 맞았을지라도 그들에게 그렇게 촉구하지는 않았다. 그와 그
의 적대자들을 갈라놓았던 것은 제사나 의식보다 훨씬 더 깊은 어떤 것이
었으며, 말로 비난할 수 있는 어떤 문제가 아니라 지극히 내적인 감정의
문제였다.

어때? 말이 좀 어렵고 딱딱하지? 간추려 설명하자면, 세상 만물을 다
정하게 사랑하던 평온한 목수 예수가 스스로 고난 받는 백성을 구원할 사

명이 자기에게 있음을 깨닫게 되는데, 그것은 기적을 요구하는 민중, 그들의 환호, 집안 식구들의 멸시, 그리고 사제들의 의심과 증오 따위가 그렇게 만들어나갔다는, 그런 말이야. 그러니까 예수가 예수로 된 것은 자기 혼자서 스스로 그렇게 된 게 아니라 그 당시의 상황과 그와 함께 살던 주변의 인간들이 그렇게 만들어갔다는 말이지. 그렇다고 예수님은 가만 있는데 당시의 환경이 그를 그렇게 만들었다고는 할 수 없어. 시대와 예수 자신이 함께 작용하여, 오늘 우리가 아는 예수 그리스도를 만들어냈다고 하는 게 맞는 말이겠지.

안중근 의사가 감옥에서 쓴 시에 이런 구절이 있어. "때가 영웅을 만들고 영웅이 때를 만든다〔時造英雄兮, 英雄造時兮〕." 물론 이 말은 안중근 의사가 만든 말이 아니고 옛날부터 있었던 말이지만, 영웅과 그의 시대는 본디 불가분(不可分)의 관계거든. 예수님도 그 시대의 산물이라는 점에서는 마찬가지야. 그러므로 우리가 예수님을 잘 이해하려면 당시의 상황을 알아야 해. 루드비히의 글을 조금 더 읽어보기로 하자.

하지만 이제 바로 이 사람이 그 자신을 메시아로 선언하고, 자신이 하나님과 동일한 본성을 가지고 있다고 주장하며 모세의 성전 대들보를 흔들어 놓게 되자, 사태는 새로운 국면에 접어들게 되었다. 신정정치(神政政治) 체제의 기초가 위협을 당하게 된 것이다. 그 어떤 국가 당국도 사기꾼처럼 보이는 사람 그리고 기껏해야 미친 사람으로 보이는 자의 활동을 방치할 수는 없을 것이다. 이윽고 대사제는 대단히 격분했으며 또 그럴 만한 이유가 충분했다.

대사제로 대표되는, 당시 신정정치 체제(신의 이름으로 다스리는 정치체제라고 해두자)의 지도층은 자신들의 기반을 위협하기 시작한 예수를 그냥 둘 수 없었다는 거지. 언젠가 아버지가 말했듯이, 그때 지도층이 예수님을 미워한 것은 예수님이 미움 받을 짓을 '먼저' 하셨기 때문이야. 예수님이 먼저 그들에게 도전하셨기 때문에 그들은 낯선 '예언자'의 도전에 응전(應戰)을 한 셈이라고 할까?

그런데 여기서 우리가 놓쳐서는 안 될 것이, 예수님의 '도전'이 도전을 하기 위한 도전은 아니었다는 점이야. 예수님은 다만 자기를 세상에 보내신 아버지의 뜻을 실천에 옮기고자 하셨을 뿐인데, 그 '실천 행위'가 결국에 가서 그들의 기반을 뒤흔드는 '도전'이 되었던 거야. 알겠니? 이 점은 매우 중요하니까 잘 유념해두렴. 예수님은 그냥 자기의 길을 가셨을 뿐이야. 헤롯이 당신을 죽이려 한다는 말을 듣고 예수님은 이렇게 말씀하셨지.

오늘과 내일과 모레는 내가 갈 길을 가야 하리니 선지자가 예루살렘 밖에서는 죽는 법이 없느니라(누가복음 13:33)

그리고 그 길을 가는 것이 바로 당신을 살리는 '양식'이라고 하셨어.

나의 양식은 나를 보내신 이의 뜻을 행하며 그의 일을 온전히 이루는 이것이니라(요한복음 4:34)

아버지이신 하나님이 주신 사명을 완수하는 것이 곧 당신 생명을 지탱

해주는 양식이라는 말씀이지. 아버지가 시키신 일을 하지 않는다면 이 세상에 존재할 이유도 없고 또 존재할 수도 없다는, 그런 말이야. 동양에서도 우리 조상은 "하늘의 뜻을 따르는 자는 산다〔順天者存〕"고 했는데 같은 말이지. "반대로 하늘 뜻을 거역하는 자는 망한다〔逆天者亡〕"고 했어.

간디도 그의 평생 목표를 '인도의 독립'이 아니라 '진리를 붙잡음(사티아그라하)'에 두었다고 고백하고 있잖니? 그는 죽을 때까지 '참'을 알고 '참'을 실천하려고 했을 뿐이야. 그것이 결과적으로 독립운동의 모습을 띠었고, 그러다보니 어쩔 수 없이 압제적인 영국과 투쟁하지 않을 수 없었고, 그 결과 감옥을 드나들게 되었던 거란다. 어디 간디가 영국하고만 싸웠니? 힌두교, 이슬람교, 그리스도교 등 종교에 의한 장벽으로 갈라진 인도를 다시 하나로 만들려는 그의 노력은 종교 분리자들의 반감을 샀고, 결국 이슬람교도들과 함께 사는 것을 반대하는 힌두교 광신자의 총알에 목숨을 잃었지. 간디는 참으로 위대한 어른이었어. 과연 사람들이 마하트마(위대한 영혼)라는 이름으로 불러줄 만한 분이었지. 예수님의 산상설교를 누구 못지않게 좋아한 간디는 이렇게 말한 적이 있단다. "나는 힌두교인입니다. 나는 이슬람교인입니다. 그리고 나는 그리스도인입니다." 얼마나 아름답고 멋지고 훌륭하고 대단한 말이니? 간디는 예수님의 산상설교를 그대로 실천에 옮긴 가장 위대한 그리스도인이었다고 볼 수 있어.

"내가 바로 안식일의 주인이다"

자, 그러면 오늘의 성경 본문을 읽어볼까? 누가복음 6장 1~5절이다.

＿안식일에 예수께서 밀밭 사이로 지나가실새 제자들이 이삭을 잘라 손으로 비비어 먹으니 어떤 바리새인들이 말하되 어찌하여 안식일에 하지 못할 일들을 하느냐 예수께서 대답하여 이르시되 다윗이 자기 및 자기와 함께한 자들이 시장할 때 한 일을 읽지 못하였느냐 그가 하나님의 전에 들어가서 다만 제사장 외에는 먹어서는 안 되는 진설병을 먹고 함께한 자들에게도 주지 아니하였느냐 또 이르시되 인자는 안식일의 주인이니라 하시더라

겉으로 봐서는 그저 평범한 질문과 응답처럼 보이지만 사실은 예수님의 생에 대단히 중요한 전기(轉機)가 된 사건이란다. 바로 이 '안식일'에 대한 문답(문답이라기보다는 예리한 칼을 감춘 말싸움으로 봐야겠지)에서부터 예수님은, 당시 민중의 존경을 받으며 지도자로 행세하던 이른바 지도층에게 '적대자'로서 모습을 드러내 보이셨어. 그러니까 바리새인들은 바로 이 안식일 문답을 통하여 그간 미심쩍어 보이던 예수의 정체를 파악하게 된 셈이지. 이 사건을 고비로 해서 예수님은 그를 적대시하는 자들과 공개적으로 맞서기 시작하셨거든. 그것은 피할 수 없는 운명이었어. 부드럽고 다정하기만 하던 예수님의 언사(言辭)에 바야흐로 가시가 돋고 불꽃이 일기 시작했지. 이 대목이 겉보기와 달리 매우 심각한 의미를 지닌다는 사실을 알려면 우선 당시 유대인에게 '안식일'이 어떤 날이었는지를 알아

볼 필요가 있어.

그들이 목숨 걸고 지켜야 했던 '안식일'(예를 들면, 로마와 전쟁을 할 때에도 안식일이 되면 모든 병사가 무기를 놓고 안식을 하는 바람에 적군이 그것을 알고 안식일에 쳐들어와 가만 앉아 있는 이스라엘 병사들을 마구 죽였지만 안식일을 거룩하게 지키라는 율법 때문에 고스란히 죽임을 당할 정도였어. 이런 끔찍한 이야기는 『공동번역성서』의 「마카베오서」에 기록되어 있지.)이란 금요일 해지는 시각에서 토요일 해지는 시각까지 만 하루를 '거룩한 날'로 삼아 세상의 잡된 일을 하지 않고 오직 하나님만 생각하며 경건하게 보내도록 돼있는 날이야. '안식(安息)'이란 말 자체가 편히 쉰다는 말이거든. 그러니 힘든 일을 날마다 해야 하는 이들한테 안식일을 거룩하게 지켜 어떤 일도 해서는 안 된다는 법이 얼마나 고마운 법이었겠니?

소리가 한번 안식일에 대한 법 규정이 어떻게 돼 있는지 읽어볼까? 신명기 5장 12절부터야.

＿네 하나님 여호와가 네게 명한 대로 안식일을 지켜 거룩하게 하라 엿새 동안은 힘써 네 모든 일을 행할 것이나 일곱째 날은 네 하나님 여호와의 안식일인즉 너나 네 아들이나 네 딸이나 네 남종이나 네 여종이나 네 소나 네 나귀나 네 모든 가축이나 네 문 안에 유하는 객이라도 아무 일도 하지 못하게 하고 네 남종이나 네 여종이나 너 같이 안식하게 할지니라 너는 기억하라 네가 애굽 땅에서 종이 되었더니 네 하나님 여호와가 강한 손과 편 팔로 거기서 너를 인도하여 내었나니 그러므로 네 하나님 여호와가 네게 명령하여 안식일을 지키라 하느니라

됐어, 거기까지다. 엿새 동안 열심히 일하고 이렛날은 쉬는데 온 집안

식구들은 물론이요 소와 나귀와 다른 모든 가축까지, 나그네로 와서 묵고 있는 사람까지, 아무튼 움직일 수 있는 모든 생물이 '네 하나님 여호와' 앞에서 쉬라는 거야. 아무 일도 하지 말고!

그런데 그 여호와 하나님은 어떤 분이냐 하면, 애굽에서 종살이하던 이스라엘을 해방시켜 이끌어내신 분이라는 그런 말이지. 이스라엘에 안식일법을 내리시는 하나님이 어떤 분이신지를 설명하는 데 다른 모습의 하나님을 말할 수도 있을 텐데, 왜 하필이면 종살이하던 이스라엘을 해방하신 분으로 말했을까? 예를 들면, 천지를 지으신 분이라든가 말을 듣지 않는 아담을 에덴에서 내쫓으신 엄한 분이라고 해도 될 텐데, 어째서 종살이에서 이스라엘을 구원해내신 분임을 강조했을까?

안식일법의 비밀이 바로 여기에 숨어 있는 거야. 그러니까 안식일법은 종살이하던 이스라엘을 구원하신 분 앞에서 지금도 여전히 지긋지긋한 종살이를 하는 자들이 그 고역(苦役)에서 벗어나 편히 쉴 수 있게끔 강제로 규정한 법이라고 할 수 있어. 따라서 이 법의 참된 알맹이는 14절 끝부분 "네 남종이나 네 여종이나 너같이 안식하게 할지니라"에 있다고 봐야해. 다시 말하면, 집안 모든 식구와 가축과 그 집에 머무는 나그네까지 모두 일을 하지 말고 쉬라는 법을 내린 목적이 바로 그 집안의 '남종과 여종'을 쉬게 하려는 데 있다, 이 말이야. 주인이 일을 하는데 종이 놀 수 있겠니? 그건 안 될 말씀이지. 그러니까 종이 쉴 수 있도록 주인을 억지로 쉬게 한 것이 안식일법을 만드신 하나님의 뜻이었다고 봐야지. 그런 걸 법정신(法精神)이라고 해.

법을 만든 뜻이 어디에 있느냐, 그게 중요한데, 그런데 세상의 법이란

처음에는 제법 괜찮은 목적과 뜻으로 만들어졌다가도 이내 본디 목적이
나 좋은 뜻을 버리고 오히려 그 반대 목적이나 뜻을 위해 봉사하는 법으
로 타락하는 수가 종종 있거든. 물론 법이 저절로 그렇게 되는 게 아니라
인간에 의해서 그렇게 되는 것이지만. 아예 처음부터 옳지 않은 일부 특
권층의 이익을 위해서 만들어지는 고약한 법도 겉으로는 제법 그럴듯한
너울을 쓰고 태어나게 마련이지. 그렇게 태어나면서부터 나쁜 악법도 있
긴 하겠지만, 태어날 때는 그런대로 괜찮은 법이었는데 세월이 흐르면서
고약한 법으로 바뀌는 경우가 더 흔해.

　안식일법이 바로 그런 경우였단다. 안식일법은 본디 '약자보호법'이었
어. 아까 말했듯이 현재 종살이하는 사람들을 쉬게 하려고 주인을 비롯하
여 집안의 모든 사람과 가축까지 강제로 쉬게 한 법이었는데, 세월과 함
께 차츰 변하여 약자를 보호하기는커녕 오히려 그들을 '죄인'으로 몰아붙
여 더욱더 멸시하고 억압하는 수단이 되고 말았거든! 안식일에 쉴 수 없
는 사람은 쉴 수 있는 사람한테서 '거룩한 안식일을 지키지 못하는, 할 수
없는 죄인'이라는 비난을 받으며 주눅이 들어 살아가게 되었으니, 처음
안식일법을 만들었을 때의 뜻과는 정반대로 바뀌고 만 거야. 그렇게 되면
그 법은 악법(惡法)이지!

　그럼 누가 안식일에 쉴 수 있고 누가 안식일에 쉴 수 없었겠니? 생각
해봐. 여기 이 사람은 하루 벌어 하루 먹는 막일꾼이고, 저 사람은 그 막
일꾼을 부리는 사장이다. 안식일에 쉬고 싶어도 쉴 수 없는 사람은 누구
겠니?

　_막일꾼이요.

그래, 그리고 또 이 사람은 종교 지도자야, 학자고. 안식일에 쉴까? 못 쉴까?

_쉬겠지요.

언제나 그랬지. 밑바닥 인생은 일을 떠나 쉬고 싶지만 쉴 수가 없어. 그리고 그들 위에 군림하며 그들을 부리는 자들은 제 마음대로 쉬고 싶을 때 쉴 수 있지. 하나님이 모세를 시켜 십계명을 만들어주실 때에도 그랬고 그 뒤에도 마찬가지였고 지금도 그 현실은 변함이 없단다. 그래서, 그러니까 안식일법이 있어야 했던 거야. 또 지금도 반드시 있어야 하는 거고. 그런데 문제는 쉬고 싶어도 쉴 수 없는 이들을 보호하고자 만든(일을 쉬어도 굶지 않도록 보장해주는) 안식일법이 오히려 거꾸로 그들에게 더욱 무거운 족쇄를 채우는 결과를 빚었으니 세상에 그런 억울한 일이 어디 있겠니?

그래서 예수님이 떨쳐 일어나신 거야. 제자들이 안식일에 밀 이삭을 잘라 먹은 것은 당시의 법 해석에 따르면(하긴 법은 누가 해석하느냐에 따라 하늘땅만큼 다르지만), 분명히 법을 어긴 행위였어. 요즘 유행하는 말로 하면 실정법을 어긴 거지. 예수님도 그것 자체를 변명하거나 부인하지는 않으셨어. 그런데 예수님은, 말하자면 법을 어긴 범법자인 제자들을 두둔하신 거야! 바로 이 점이 중요해. 언젠가 말했듯이, 예수님은 "악법도 법이니까 지켜라"(소크라테스)가 아니라 "악법은 악법이니까 어겨라"였거든. 그래서 트집을 잡고 덤벼드는 자들의 자랑이자 가장 위대한 왕인 다윗이 율법을 어긴 역사적 사실을 예로 들어 아무 소리 못하게 눌러버린 거야. 그들이 우물쭈물 대구를 못 하고 있을 때 예수님은 적군의 심장에 못을 박듯, 천둥 벼락 같은 한마디를 던졌지.

"내가 바로 안식일의 주인이다!"

그들이 얼마나 놀랐겠니? '거룩하신 하나님의 날'이 바로 자기의 것이라니! 그들은 다른 말을 더 들어볼 필요도 없다고 생각했겠지. '역시 이자는 하나님을 모독하고 있구나!' '당장 돌로 쳐서 무덤에 묻어버릴 죄인이로구나!' 그러나 그건 싸움의 시작일 뿐이었어. 그들은 예수님의 허물을 찾으려 더욱 눈에 불을 켜고 예수의 일거수일투족을 노려보기 시작했지.

이렇게 안식일에 대한 문답은 서로 호의를 품고 나눈 대화가 아닌, 말하자면 선전포고라 할까? 상대가 아군이 아니라 적이라는 사실을 확인하는 불꽃 튀는 대결이었어.

"내가 바로 안식일의 주인이다!"

이 한마디는 낡은 세상을 상대로 전쟁을 선포하는 전사(戰士)의 군호(軍號)와도 같은 것이었어.

따돌림 받으신 예수

그래, 예수님은 당시 집권자와 기득권자들에게 도전을 했
듯이 당신을 좇는 무리한테도 도전을 했던 거야. 그들의
기대와 희망을 거절했거든!

슬기야, 최루탄 가스 뽀얀 서울 어느 거리
에 서 있을 너를 생각하며 이 글을 쓴다. 네가 이른바 '가투(街鬪)'에 나섰
다는 말을 처음 들었을 때 아버지는 올 것이 왔구나, 하는 느낌과 함께 난
데없는 분노와 설움을 속으로 삼켜야만 했단다. 고등학교를 졸업할 때까
지 12년 세월을, 오직 입시만을 위한 쓰레기 같은 지식들로 가득 채웠는
데, 그래서 너는 말 그대로 거의 백지상태였을 텐데, 대학 입문과 더불어
갑자기 쏟아져 들어오는 새로운 '지식'을 어떻게 소화할꼬 생각하니 아버
지로서 얼마나 미안하고 안쓰러운지 모르겠구나. 그렇지만 이제 땀이 배
고 성큼 어른스러워진 너의 얼굴을 보면서 '아하, 바야흐로 이 아이한테
이래라 또는 저래라 하고 얘기해줄 수 없는 때가 되었나보다' 하는 생각
이 들더라.

　세계를 향하여 성숙해가는 자식에게 부모는 어쩔 수 없이 '넘어서야

할 장벽'이라는 사실쯤은 알고 있지만, 막상 너를 앞세워야 한다고 생각
하니 그래도 조금은 불안스럽고 자꾸만 발동하는 노파심을 억누르기 힘
들구나. 그러나 슬기야, 막말로 뒤땅은 네 땅이니 이 험한 돌작밭을 갈고
새 역사의 씨를 뿌리는 것은 다른 누구도 아닌, 바로 너와 너의 동지들이
어야 할 게다. 그러니 너는 용기를 내어 아버지의 몸을 밟고 앞으로 나아
가거라. 이왕에 사람으로 태어났으니 사람으로 살아야 하지 않겠니?

어느새 나도 모르게 '기성세대'가 돼버린 아버지는 다만 네 발 앞에 걸
림돌이 되지 않기만을 바랄 뿐이다.

루쉰이 인용한 아리시마 다케오(有島武郎)의 소설 한 구절을 여기에
다시 옮겨다가 너에게 준다.

시간은 자꾸 흘러간다. 너희들의 아버지인 내가 후에 너희들에게 어떻게
비칠 것인가? 그것은 상상할 수 없다. 아마 내가 지금 여기서 사라져간 시
대를 비웃고 연민하듯, 너희들도 나의 케케묵은 마음가짐을 비웃고 연민
할지 모른다. 나는 너희들 스스로를 위해 그렇게 하지 않기를 바라고 있
다. 너희들은 나를 발판으로 삼아 높이, 멀리 나를 뛰어넘어 앞으로 나아
가야 한다.

세상은 몹시 쓸쓸하다. 우리들은 그저 이렇게 말만 하며 태연히 있을 수
있을까? 너희들과 나는 피의 맛을 본 짐승처럼 사랑을 맛보았다. 가자, 그
리고 우리들 주위의 쓸쓸함을 제거하기 위해 일하자. 나는 너희들을 사랑
했다. 영원히 사랑한다. 이것은 어버이로서 너희들에게 보답을 받기 위해
하는 말이 아니다. 내가 너희들을 사랑하도록 가르쳐준 너희들에게 요구

하는 것은, 오직 나의 감사를 받아달라는 것뿐.

죽어 넘어진 어미를 먹어치우면서 힘을 기르는 사자새끼처럼 힘차고 용감하게, 나를 떨쳐버리고 인생의 길로 나아가거라.

내 일생이 아무리 실패작이더라도, 내가 아무리 유혹을 이기지 못하는 사람이라 하더라도 나의 발자취에서 불순한 어떤 것을 너희들이 발견할 만한 짓은 하지 않겠다. 꼭 그렇게 하겠다. 너희들은 내가 죽어 넘어진 곳에서 새로운 발걸음을 내디뎌야 한다. 어느 방향으로, 어떻게 걸어가야 하는가를 너희들은 나의 발자취에서 어렴풋이나마 찾아낼 수 있을 것이다.

아이들아, 불행하지만 동시에 행복한 너희 아버지와 어머니의 축복을 가슴에 간직하고 인생의 여정에 오르거라. 앞길은 멀다. 그리고 어둡다. 그러나 두려워하지 말아라. 두려워하지 않는 자의 앞에 길은 열리게 마련이다.

가거라, 용감하게. 아이들아!

루쉰이 이 글을 인용한 것은 1919년, 그러니까 자그마치 70년 전 일이다만, 오늘 아버지는 한 자도 고치지 않고 너에게 들려주고 싶구나. 역사는 물론 진보하는 것이지만, 자식이 어버이의 몸을 밟아 딛고 앞으로 나가야 한다는 이 원리만은 조금도 바뀔 수 없는 것이기 때문이다.

장담은 하는 게 아니라지만, 슬기야, 그래도 아버지는 오늘 네 앞에서 나의 지난날이 그토록 부끄러운 변절과 위선의 세월만은 아니었다고 말할 수 있는 게 고맙구나. 그렇다. 만족할 수는 없지만 그래도 딴에는 열심히 사람답게 사는 길을 찾아서 아버지는 여기까지 왔다. 아마 이 발걸음은 앞으로도 계속 이어질 게다. 아니, 그러기를 바랄 뿐이다. 네 할머니의 소박한 희망이었던 '중후한 목사의 안정된 삶'과 거리가 멀다고 할 수밖에 없는, 지난 세월 내가 남긴 방황과 거역의 발자취를 네가 조금쯤 알아줄 수 있을는지…….

그건 아무래도 좋다! 이제 나는 너를 버린다. 내가 너를 버릴 때, 너는 저 깊고 아름답고 진실한 네 진짜 '아버지' 품에 안길 것임을 확신하면서!

말하는 사람 예수

슬기야, 아버지는 예수님을 정말 좋아한다. 그분은 내 삶의 동반자요, 스승이요, 다정한 형님이시다. 무엇보다도 이 난감한 시절에, 외로이 당신 길을 걸어가신 그분이 나는 사무치게 좋구나. 언젠가 말했듯이, 그분이 남기신 여러 말씀 가운데 아버지가 가장 좋아하는 말씀은 이것이다.

> 너희는 가서 저 여우에게 이르되 오늘과 내일은 내가 귀신을 쫓아내며 병을 고치다가 제삼일에는 완전하여지리라 하라 그러나 오늘과 내일과 모레는 내가 갈 길을 가야 하리니……(누가복음 13:32~33)

예수 그분은 '오늘도 내일도 그 다음 날도' 계속해서 당신의 길을 가신 분이다. 그 길은 어떤 길이었던가? 예루살렘에서 죽게끔 되어 있는 예언자의 길이었지. 예언자란 누군가? 말하는 사람이지. 말하는 사람!

슬기야, 너도 알다시피 아버지는 목사다. 목사라는 직업이 어쩔 수 없이 말을 많이 해야 하는 직업인데 나에게 그건 참 곤혹스런 일이었단다. 사람이 말을 한다는 것은 어쩔 수 없는 숙명이지만, 우리가 지금 살고 있는 이 세상은 그야말로 '말로써 말이 많은' 시끄러운 세상 아니냐? 더구나 요즘같이 흑백논리가 무성한 세상에서는 말을 한다는 것이 얼마나 위태롭고 난감한 일인지 모르겠구나. 하긴 도무지 말이 통하지 않는 세상에서 말을 해야 한다는 사실 자체가 천형(天刑)일는지도 모르지.

예수는 한 걸음 더 나아가, 말하는 사람이 아니라 아예 '말씀' 그 자체였어. 그러니 세상이 그를 접수하지 않은 것이 오히려 당연한 일이지.

참 빛 곧 세상에 와서 각 사람에게 비추는 빛이 있었나니 그가 세상에 계셨으며 세상은 그로 말미암아 지은 바 되었으되 세상이 그를 알지 못하였고 자기 땅에 오매 자기 백성이 영접하지 아니하였으나(요한복음 1:9~11)

아아, 역사란 본디 이런 것인가? 인류라는 나무는 결국 제 뿌리를 땅속 어둠에 박아놓고 그 위에서 꽃과 열매를 피울 수밖에 없는 것인가?

그렇다. 예수는 예언자 곧 '말하는 사람'이었어. 그런데 그 '말'에 대한 그분의 고백은, 그 '말'이 자기 자신의 것이 아니라는 것 아니더냐?

너희가 듣는 말은 내 말이 아니요 나를 보내신 아버지의 말씀이니라(요한
복음 14:24)

내가 아버지 안에 거하고 아버지는 내 안에 계신 것을 네가 믿지 아니하느
냐 내가 너희에게 이르는 말은 스스로 하는 것이 아니라 아버지께서 내 안
에 계셔서 그의 일을 하시는 것이라 내가 아버지 안에 거하고 아버지께서
내 안에 계심을 믿으라(요한복음 14:10~11)

맞다, 예수 그분을 '아버지'와 떨어뜨려서는 알 수도 생각할 수도 없
어. 그게 곧 그분의 신비요, 삶의 본질이야.

우리는 이 사실을 똑바로 보아야 해. 왜냐하면 그 비밀은 예수 그분한
테만 해당되는 것이 아니라 이 땅에 살고 있는 모든 인간에게 똑같이 해
당되는 것이기 때문이지.

슬기야, 나는 너도 네 안에 아버지가 계시고 또 그 아버지 안에 네가
존재한다는 사실을 머리로 인식하는 게 아니라 온몸으로 깨닫게 되기를
바란다. 그리하여 예수가 육신의 어머니인 마리아를 벗어버리고 저 태고
(太古)의 아버지와 동행하셨듯이, 육신의 아버지인 나를 밟아 딛고 참된
아버지와 하나 되어 오늘도 내일도 그 다음 날도 걸어야 할 '너의 길' 곧
'아버지의 길'을 당당하게 걸어가기를 바란다. 바로 그 길을 걷는 것이 말
씀의 육화(肉化)였어. 그러기에 그의 말은 듣는 자들의 뜻을 살펴 적당히
굴절하거나 타협하는 말이 아니었단다. 벼락처럼 내리꽂히는 말! "귀 있
는 자, 들어라"로 마감될 수밖에 없는 그런 말이었어. 그러나 슬기야, 우

리는 또한 그분의 말투에도 귀를 기울여야 해. 말투란 말의 내용을 솔직하게 전달하는 또 다른 통로거든. 때로는 사람의 말투가 그 말에 담긴 의미보다 더 분명하고 솔직하게 말하는 자의 속뜻을 전달해주는 법이란다.

물론 가끔 많은 사람 앞에서 또는 하늘 뜻을 굽게 하는 위선자들 앞에서 큰 소리로 나무라는 모습을 볼 수도 있지만, 그러나 예수님의 말투는 한마디로 조용한 속삭임이었어. 마태는 예수님의 이런 모습을, 예언자 이사야의 말을 빌려 그렸지.

보라 내가 택한 종 곧 내 마음에 기뻐하는 바 내가 사랑하는 자로다 내가 내 영을 그에게 줄 터이니 그가 심판을 이방에 알게 하리라 그는 다투지도 아니하며 들레지도 아니하리니 아무도 길에서 그 소리를 듣지 못하리라 상한 갈대를 꺾지 아니하며 꺼져가는 심지를 끄지 아니하기를 심판하여 이길 때까지 하리니 또한 이방들이 그의 이름을 바라리라(마태복음 12:18~21)

슬기야, 아버지는 요즘처럼 온통 고막을 울리는 '큰 소리'가 거리와 거리를 메우는 시절일수록 속삭이는 소리가 그립구나. 그리워 미치겠구나. "아닐세, 벗들이여, 세상은 그렇게 사무치는 증오와 분노 그리고 이어지는 앙갚음만으로는 결코 구원될 수 없다네. 아, 물론 분노할 일에는 분노해야지. 증오할 것은 옹골차게 증오해야지. 그러나 잊지 마시게, 그 모든 증오와 분노가 '사랑'의 방편일 때에만 올바른 열매를 맺을 수 있음을." 이렇게 속삭이는 소리가 어쩔 수 없이 '당대(當代)'의 이단으로 몰리게 마런임을 아버지는 알고 있다. 그래서, 바로 그 때문에, 예수는 사무치도록 외로울 수밖에 없었더구나!

보렴! 그 누가 끝까지 예수의 곁에 남아 있었던가. 문자 그대로 사고무친(四顧無親)이요, 사면초가(四面楚歌)였던 사람이었지. 마침내는 '아버지' 한테서까지 버림을 받은 것이 그의 십자가 아니었더냐?

따돌림 받는 예수

그래, 예수님은 사방에서 따돌림을 당하셨어. 당시의 집권자들 그리고 비열한 기득권자들한테서 배척을 받으신 것은 오히려 당연지사라 하겠지만, 그토록 사랑을 베푸셨던 열두 제자와 민중 한테서까지 등 돌림을 받으신 것을 어떻게 설명할 수 있겠니?

바리새인과 사두개인 그리고 헤롯 일당과 빌라도한테 미움을 산 것은, 지난 시간에도 애기했지만, 예수님이 그들을 먼저 공격했기 때문이었어. 그들이 신주처럼 받들어 모셨던 율법을 몸소 범하셨고, 그들의 존재 기반 이었던 질서와 안녕을 뿌리째 흔들어버리셨거든. 다만 여기서 우리가 기억할 것은, 그분의 반격이 반격을 위한 반격이 아니라 그분의 올곧은 삶에서 파생된 자연스런 귀결로서 반격이었다는 사실이야. 그러나 아무튼 예수의 존재 자체가 그들의 기반을 뒤흔드는 시한폭탄이었던 것은 사실이고 따라서 그들이 힘을 모아 예수를 제거하기로 한 것은 얼마든지 이해할 수 있는 일이지.

문제는 어째서 그의 제자들조차, 그리고 그토록 사랑을 받았던 이름 없는 대중까지 마침내 그분에게 등을 돌렸던가에 있어. 안타까운 일이지만 우리는 이 분명한 사실을 외면해서는 안 돼. 그리고 바로 그 사실에서 예수 삶의 본질을 읽어내야 해.

가룟 사람 유다의 배신은 바로 이 미스터리를 극명하게 보여준 사건이지. 요한은 그가 돈에 눈이 어두워서 스승을 팔아넘겼다고 했지만 그것은 너무나도 감정에 치우친, 섣부른 해석이라고 보지 않을 수 없구나. 그의 배신이 돈 몇 푼 때문이 아니었음은 나중에 스스로 목숨을 끊은 행위가 입증해었어. 유다의 배신은, 스승에 대한 기대가 무너지고 만 데에 대한 단말마적인 자포자기였다는 게 아버지의 생각이다. 그래, 예수님은 당시 집권자와 기득권자들에게 도전을 했듯이 당신을 좇는 무리한테도 도전을 했던 거야. 그들의 기대와 희망을 거절했거든! 그것은 뼈아픈 일이지만, '아버지'의 뜻을 좇아야 했던 그분으로서 달리 선택할 대안이 없는 유일한 길이었어.

보리떡 다섯 개와 작은 물고기 두 마리로 5,000명이나 되는 사람을 먹였을 때, 그들은 "이분이야말로 오시기로 된 예언자이시다"라고 말하며 억지로라도 왕으로 모시려고 달려들었지. 바로 그때 예수님은 '혼자서 다시 산으로 피해' 가셨어.(요한복음 6:15)

그때부터 사람들은 그분의 정체를 수상쩍게 보았겠지. 제자들은 얼마나 답답했겠니? 절호의 기회를 그렇게 놓쳐버리다니! 게다가 한술 더 떠서 제자들에게 말씀하셨지.

보라 우리가 예루살렘으로 올라가노니 선지자들을 통하여 기록된 모든 것
이 인자에게 응하리라(누가복음 18:31)

여기까지 말씀하셨을 때 제자들은 무엇을 생각했겠니? 모든 암흑 세력
을 물리치고 영광스런 다윗의 왕국을 건설하는 '약속된 메시아'의 위대한
혁명이었겠지. 그런데 이어지는 예수의 말씀은 얼마나 엉뚱한 소리냐?

…… 인자가 이방인들에게 넘겨져 희롱을 당하고 능욕을 당하고 침 뱉음
을 당하겠으며 그들은 채찍질하고 그를 죽일 것이나 그는 삼일 만에 살아
나리라(누가복음 18:32~33)

메시아가 희롱받고, 모욕당하고, 침 뱉음 당하고, 채찍질당하고, 마침
내 죽임을 당하다니? 어찌 그럴 수 있단 말인가? 그렇다면 우리는 모두 무
엇인가? 지난 3년 세월 그 고난의 나날을 겪으면서 가꾸어온 우리의 꿈은
도대체 어떻게 되는 것인가? 생각이 이에 미치매 다시 살아날 것이라는
마지막 말씀이 어찌 귀에 들어왔겠니? 그들이 말씀을 듣고도 '조금도 깨
닫지 못한 것'은 지극히 당연한 일이었겠지. 요컨대, 예수님은 당시 인민
을 짓누르고 온갖 불의를 행하던 자들에게 도전한 것과 똑같이 억압을 당
하고 불의에 희생되던 인민들의 기대와 꿈에 대해서도 등을 지셨던 거야.
그러므로 유다의 배신은 예수의 선행된 배신에 대한 응답이었다고 봐야
해. 왜? 예수님은 왜 그 길을 택하셨을까? 어째서 사랑하는 제자들한테까
지, 그들의 꿈과 기대를 외면함으로써, 짐짓 등을 돌리셔야만 했을까?

예수 자신의 대답은 단 한마디였지.

사탄아 내 뒤로 물러가라 네가 하나님의 일을 생각하지 아니하고 도리어
사람의 일을 생각하는도다 (마가복음 8:33)

수난의 길을 예고하셨을 때 그것을 말리는 베드로한테 주신 말씀이야. 사랑하는 제자를 '사탄'이라고 부르지 않을 수 없을 만큼 절박한 순간이었어. 예수님한테는 참으로 사느냐 죽느냐가 판가름 나는 갈림길이었지. 어떻게 단호하지 않을 수 있겠니? 베드로의 가슴에는 칼을 꽂는 듯한 아픔이었겠지만 예수는 그러지 않을 수 없었고, 그래서 마침내 그분은 혼자 나무에 매달리고 말았구나.

그러나 누가 알았겠니? 그렇게 죽임을 당하지 않을 수 없도록 온 세상을 사랑한 것이, 그것이 예수의 삶이었고 마침내 그것이 최후의 승리였음을.

거리에 선 딸아, 아무쪼록 그 매운 독가스 속에서 눈먼 증오와 분노가 아니라 독가스보다 더 매운 사랑을 배우고 사랑에 뿌리내린 올바른 분노와 증오를 배우고, 그리하여 마침내 모든 원수까지 삼키는 거대한 생명 곧 사랑의 바다에 네 몸을 잠그기를 바란다. 산골짜기 흐르는 작은 개울이 저 큰 바다의 다른 모습임을 기억하면서.

혼자 죽어서 여럿으로 살아나

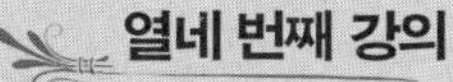

스스로 죽어가는 아픔을 겪지 않고 태어나는 생명의 기쁨을 맛보려는 것은 도둑의 심보지. 도둑의 무리는 절대로 하나님 나라에서 살 수가 없어.

소리야, 멀리 거창으로 너를 보내놓고 엄마는 사흘이나 눈물을 흘렸단다. 특히 네가 늘 학교에서 돌아오던 저녁 시간이면 안절부절못하고 서성이며 네 생각을 했지. 그러더니 어느 순간에 태도가 휙 바뀌더구나. 다시 평상시 마음으로 돌아온 거야. 어찌 된 거냐고 물었더니 엄마 대답이, "가만 생각해보니 내가 잘못하고 있는 것 같았어. 소리는 결국 내 품을 떠나야 할 아인데 내가 그만 그걸 깜빡했지 뭐야. 처음부터 '내 아이'가 아닌 걸……. 하나님 아버지께서 잘 맡아 길러주시겠다는데 내가 자꾸만 안달하고 있으니, 소리를 위해서도 좋을 게 하나 없지."

이 말을 듣고 아버지는, 아하! 이래서 어미와 자식이 함께 큰다고 하는구나, 생각했어. 너로 말미암아 네 어머니 신앙이 한 걸음 더 깊어졌으니 이것도 하늘의 은총 아니겠니? 게다가 네가 학교생활에 만족하고, 갈수록 마음에 드는 학교라고 하니 그것 또한 고마운 일이지. 엄마는 그러는 너를 보고 고기가 물을 만난 것 같다고 하더라. 나도 그렇게 생각해.

좋은 세상, 나쁜 세상, 함께 살 세상

그렇지만 소리야, 세상 산다는 게 그리 단순한 건 아니란다. 좋은 일이 있으면 반드시 나쁜 일도 함께 있거든. 빛이 있어서 그림자가 있듯이. 그게 우리가 사는 이 세상이야. 우리네 인간은 좋은 것만 좋아하고 나쁜 것은 되도록 멀리하려는 마음을 지니게 되는데 바로 그 마음 때문에 사실은 세상살이가 더욱 어렵게 뒤틀리는 거란다. 그런 마음을 '분간하는 마음'이라고 해. 이건 좋고 저건 나쁘다, 이건 선이고 저건 악이다, 이 사람은 우리 편이고 저 사람은 저쪽 편이다, 이래서 결국 지구상에 하나뿐인 인간이 서로 나뉘어 싸우고 죽이고 미워하는 나머지, 온갖 비극이 저질러지는구나.

중국 철학자 노자는 천지불인(天地不仁)이란 말을 했어. "하늘 땅은 자비롭지 않다"는 말인데 여기서 자비롭지 않다는 말은 사사로운 감정으로 누구는 봐주고 누구는 안 봐주고 하지 않는다는 뜻으로 읽어야 해. 생각해보렴. 햇빛이 사람을 가려서 내리쬐지는 않지 않니? 도둑한테나 성자한테나 고루고루 내리는 게 하늘 은총이야. 또 지진이 일어나도 착한 사람 집은 남겨두고 나쁜 놈들 집만 삼켜버리는 그런 일은 없어. 적어도 자연계에서는 사람의 판단에 따라 누구는 봐주고 누구는 안 봐주고 하는 일이 있을 수 없단다. 노자는 바로 그 천지(天地)의 마음으로 살아가는 사람을 최고로 사람다운 사람, 곧 성인(聖人)이라고 했어.

성경도 첫 사람 아담이 저지른 맨 처음 범죄를 '선과 악을 알게 하는 열매'를 따서 먹은 것이라고 말하지. 그것 자체가 범죄이기도 하지만(하나님 명령을 등지고 자기 판단을 따른 것) 그 범죄는 이어서 일어나는 모든 범죄의 어미가 된 거야. 그래서 마침내 인간이 하나밖에 없는 아우를 죽이는 데까지 가고 만 거지. 사람이 사람을 죽이는 것은 언제나 '하나뿐인 아우'를 죽이는 거란다. 그것이야말로 이 땅에서 인간이 저지를 수 있는 가장 지독하고 고약한 범죄야. 왜냐하면 그것은 결국 인간이 인간을 죽이는 것이고 따라서 인간을 지으신 하나님을 죽이는 것이니까. 무슨 말인지 알겠니? 소리야, 누가 너를 때린다면 너만 아픈 게 아니라 너를 낳은 엄마도 같이 아프지 않겠니?

이렇게 '분간하는 마음' ─흔히 불교에서는 분별지(分別智)라고 해서 아주 꺼리는 마음이지 ─때문에 인간 세상에 불행한 일들이 끊임없이 일어난다는 것이 '종교'의 가르침이란다.

그러면 좋은 것 나쁜 것, 선한 것 악한 것을 가리지 않고 또는 가릴 줄 모르고 그냥 벌레나 짐승처럼 살아가라는 말일까? 그럴 수는 없어. 사람으로 태어났으면 사람답게 살아야지. 다만 자신의 판단으로 선과 악을 나누고 나아가 그것으로 나와 너를 나누고 아군과 적군으로 나누고 그래서 결국 '하나뿐인 아우'를 죽이는 그런 타락한 생활을 피하라는 거야. 선과 악을 함께 껴안는 자연의 도(道)를 배워 그렇게 살아가라는 말이지. 분별지에 절어버린 뒤라서 쉬운 일은 결코 아니겠지만, 그것이 바로 '가장 높은 가르침(宗敎)'이란다.

그런데 이 정상에 올라서는 자세에서 불교와 기독교에 좀 다른 점이 있는 것 같아.

기독교는 "원수를 사랑하라"고 해서 '원수'가 있다는 사실을 인정하고 들어가는데 불교에서는 아예 "사랑할 원수가 없다"는 거야. 나아가서 뭘 사랑하고 미워하고 하는 마음 그 자체를 버려야 한다는 거지. 결과에 가서는 같은 얘기로 끝날는지 모르나 그 과정은 크게 다르다고 보지 않을 수 없구나. 『신심명(信心銘)』이라는 불경에 이런 말이 있단다.

지극한 길은 어렵지 않으니 다만 이것저것 가리지 않는 데 있다(至道無難, 唯嫌揀擇) …… 구태여 참을 구하지 말라. 다만 이것저것 가려 보기를 쉬어라(不用求眞, 唯須息見).

이건 선이다 저건 악이다, 이건 우리 편이다 저건 적이다 하고 가리는 마음(눈)만 없애면 거기에 곧장 지극한 길(至道)이 있고 참(眞)이 있다는 거야. 가르침 자체는 분명하지만 아무래도 우리가 사는 이 세상 현실에서는 거리가 먼 얘기라는 느낌을 지울 수 없구나.

그런데 이에 견주어 기독교의 가르침은 훨씬 더 현실적이라고 할 수 있어. 눈앞에 있는 '원수'의 존재를 인정하고 문제를 풀어나가는 쪽이니까. 예수님은 산상설교에서(마태복음 5~7장) 이렇게 말씀하셨지.

또 네 이웃을 사랑하고 네 원수를 미워하라 하였다는 것을 너희가 들었으나 나는 너희에게 이르노니 너희 원수를 사랑하며 너희를 박해하는 자를 위해 기도하라 이같이 한즉 하늘에 계신 너희 아버지의 아들이 되리니 이는 하나님이 그 해를 악인과 선인에게 비추시며 비를 의로운 자와 불의한 자에게 내려주심이라 너희가 너희를 사랑하는 자를 사랑하면 무슨 상이 있으리요 세리도 이같이 아니하느냐 또 너희가 너희 형제에게만 문안하면 남보다 더하는 것이 무엇이냐 이방인들도 이같이 아니하느냐 그러므로 하늘에 계신 너희 아버지의 온전하심과 같이 너희도 온전하라(마태복음 5:43~48)

나와 원수를 가리는 그 자체를 무시하라는 게 아니라 그 마음에 사로잡혀서 한쪽은 사랑하고 한쪽은 미워하는 그런 사람이 되지 말라는 가르침이지. 말하자면 분별지(分別智) 그 자체를 버리라는 게 아니라 분별지의 노예가 되지 말라는 거야. 이것도 역시 저절로 쉽게 되는 일은 아니지만, 그러나 전혀 불가능한 것은 아니란다.

소리야, 네가 네 마음대로 살지 않고 하나님의 마음에 따라 그대로 산다면 그럴 수 있지 않겠니? 하나님은 악한 사람에게나 선한 사람에게나 똑같이 비를 내리시는 '완전하신 분'이니까.

그러니 좋은 것만 좋아하면서 살아가려는 것은 그리스도인답지 못한 태도라고 하지 않을 수 없구나. 밝음과 어둠, 선과 악, 기쁨과 슬픔을 함께 껴안고 살아가는 길을 찾고자 애쓰기 바란다. 윤동주 시인이 왜 '모든 살아 있는 것들'이 아니라 '모든 죽어가는 것들'을 사랑하겠다고 했는지, 한번 곰곰 생각해보렴.

너에게 일어나는 좋은 일을 마음껏 고맙게 즐겨라. 아울러 너에게 일어나는 나쁜 일도 피하거나 물리치려고 하지 말고 품을 한껏 벌려서 받아들이는 거야. 자연이 언제나 계속되는 죽음을 피하거나 막지 않고 받아들이듯이. 사람이란 고운 정만 가지고는 살 수 없어. 미운 정도 있어야 해. 그게 진짜 정이란다. 그러니 소리야, 혹시 너에게 손해를 입히거나 속을 아프게 하는 친구가 있거든 그 친구를 미워하지 말고 위해서 기도해주렴. 그런 태도를 갖추기가 쉽지는 않겠지만, 그래야 앞으로 너희가 주인공이 될 세상에서는 저 난폭한 최루탄과 화염병이 사라질 게다.

애기가 또 딱딱한 설교처럼 어려워져서 참 미안하구나. 쉽게 말해야지 쉽게 말해야지 하면서도 자꾸만 어려워지니 딱한 일이다. 아직 아버지가 실력이 모자라서 그러니 할 수 없지 뭐. 그렇지만 너도 이제 고등학생이 되었으니 약간 어렵더라도 진지하게 생각하며 살아가는 능력을 기를 필요가 있어. '생각'이 모든 건 아니지만 그래도 생각하며 살아가는 것이야말로 사람이 사람다워지는 중요한 길이니까.

죽음과 생명이 하나로 되어

모든 좋은 것이 나쁜 것과 함께 있다고 했는데 그 반대도 물론 마찬가지야. 모든 나쁜 것에는 좋은 것이 따르는 법이지. 아니, 어쩌면 그 둘이 처음부터 하나라고 봐야 할는지도 모르겠구나.

예수님의 죽음과 부활을 보면 그래. 예수님이 무덤에서 다시 살아나셨

다는 것은 우리가 부활절 때만 되면 거듭 확인하는 사실이지만, 죽음과
부활이 서로 떨어질 수 없는 '하나' 라는 사실을 분명히 알아둘 필요가 있
어. 생각해보렴. 부활이라는 것이 '죽음' 없이 있을 수 있겠니? 죽지 않고
다시 살아날 수는 없는 일이야.

칼릴 지브란이라는 시인이 쓴 글에 이런 말이 있더라.

"사과 한 알은 내일의 과수원이다."

맞는 말이지. 사과 속에는 씨앗이 있고 그 씨앗을 심으면 결국 과수원
이 되니까. 그런데 지브란은 위의 말끝에다가 한마디 덧붙이는 걸 잊지
않았어.

"그러나 그 사과가 땅에 떨어지지 않고 바위 위에 놓여 있다면 아무것
도 될 수 없다."

역시 맞는 말이지? 사과가 땅에 떨어져 썩지 않고서야 씨앗이 싹을 틔
울 수 없으니까. 그러니 사과는 죽어서 과수원이 되는 거지.

예수님도 말씀하시지 않았니?

> 인자가 영광을 얻을 때가 왔도다 내가 진실로 진실로 너희에게 이르노니
> 한 알의 밀이 땅에 떨어져 죽지 아니하면 한 알 그대로 있고 죽으면 많은
> 열매를 맺느니라 (요한복음 12:23~24)

이 말씀은 예수님이 당신의 죽음을 내다보며 하신 말씀이야. '영광을
받을 때' 란 곧 십자가에 높이 매달릴 때를 말한다. 그 '영광' 은 아들이
받는 영광이면서 동시에 아버지가 누리실 영광이지.

"지금 내가 마음이 괴로우니 무슨 말을 하리요. 아버지여, 나를 구원하여 이때를 면하게 하여 주옵소서. 그러나 내가 이를 위하여 이때에 왔나이다. 아버지여, 아버지의 이름을 영광스럽게 하옵소서."

예수님이 이렇게 말했을 때 하늘에서 음성이 들려왔다는 것 아니니?

내가 이미 영광스럽게 하였고 또다시 영광스럽게 하리라(요한복음 12:28)

요한복음의 이 대목을 찬찬히 살펴보면 다음과 같은 등식이 성립되는 걸 알 수 있어.

- 밀알 = 예수
- 밀알의 죽음 = 예수의 십자가
- 밀알의 많은 열매 = 예수의 부활
- 영광을 받을 때 = 십자가에 달릴 때
- 영광 = 고난

그래서 마침내 '십자가 죽음 = 영광스런 부활(생명)'이 되는 거야. 알겠니? 이 신비스러운 '하나 됨'을 깨닫는 것, 머리로가 아니라 몸으로 깨닫는 것, 그리하여 죽음으로 생명을 살아내는 것이 곧 그리스도인의 삶이란다.

다시 말하면 예수님의 죽음이 부활을 낳은 것이 아니라 그 죽음이 바로 부활이라는 그런 말이지. 말이 또 어려워지는구나! 그렇지만 아버지는 왜 자꾸만 말이 어려워지는지 알고 있단다. 그것은 실제로 살아가는 얘기가 아니라 머리로 생각해내는 말(관념)을 연결하는 것이기 때문에 그런 거야. 그렇다고 해서 관념이 무조건 다 좋지 못한 것은 아니지. 다만 우리가 머리로 만들어내는 모든 생각은 몸으로 살아가는 현실에 뿌리를 내려야 해. 그러지 않으면 공염불이 되고 말 뿐이거든.

그러면 어째서 성경에는 죽으신 지 '사흘 만에' 부활하셨다고 했을까? 이 '사흘'이라는 말이 무엇을 뜻한다고 생각하니?

아버지 생각에는 이래. '사흘 만에'라는 말은 부활이 먼저가 아니라 죽음이 먼저라는 점을 나타내는 말이야. 죽은 다음에 부활이지 그 반대는 아니거든. 물론 이 둘이 서로 떨어져 따로따로 있는 것이 아니라는 사실은 변함이 없어. 하나는 하나인데 먼저가 있고 나중이 있다는 그런 말이지.

공자님도 말씀하시기를 사물에는 뿌리와 가지가 있고 일에는 비롯함과 마침이 있으니 먼저와 나중을 알면 도에 가깝다〔物有本末, 事有終始, 知所先後則近道矣. (『대학(大學)』)〕고 했어. 나무는 뿌리와 가지로 되어 있지만 뿌리 따로 가지 따로는 아니지. 나무는 하나야. 그렇지만 언제나 뿌리가 먼저란다. 씨앗을 심으면 반드시 뿌리가 먼저 나오면서 위로 싹이 나오게 돼 있어. 이 순서를 뒤집으면 안 돼. 그러면 먼저와 나중을 바꾸게 되거든. 죽음과 부활(생명)은 하나지만 그러나 죽어서 부활하는 거지 그 거꾸로는 아니란 말이야. 이 점을 잘 알지 못하여, 그리스도의 고난(죽음)을 함께 나눌 생각은 하지 않고 그분의 영광(부활)을 함께 누릴 생각부터 하는 사람이 가끔 있더라. 그건 씨도 뿌리지 않고 열매를 거두려는 것처럼 엉터리없는 짓이지.

바울 선생님도 이 사실을 분명히 밝혔어.

"내가 그리스도와 그 부활의 권능과 그 고난에 참여함을 알고자 하여 그의 죽으심을 본받아" 이렇게 말한 다음에, "어떻게 해서든지 죽은 자 가운데서 부활에 이르려 하노니"(빌립보서 3:10~11) 하고 덧붙여 말했거든. 우리는 예수님의 죽음(고난)과 부활(영광)이 서로 떨어진 두 가지가 아니라 '하나'라는 사실과 함께 그러나 그 '하나'에는 뒤바뀔 수 없는 순서가 있음을 늘 마음에 새겨야 한단다. 스스로 죽어가는 아픔을 겪지 않고 태어나는 생명의 기쁨을 맛보려는 것은 도둑의 심보지. 도둑의 무리는 절대로 하나님 나라에서 살 수가 없어.

혼자 죽어서 여럿으로 살아나

"밀알 하나가 땅에 떨어져 죽으면 많은 열매를 맺는다"고 말씀하신 예수님은 몸소 밀알이 되시어 땅에 떨어져 죽으셨어. 사실은 그래서 그분 '말씀'에 힘이 있었던 거야. 말 한마디 허투루 하지 않으셨거든. 아무리 봐도 참 대단한 분이구나. 자기 말에 끝까지 책임을 진다고 할까? 예수님 말씀 가운데 어느 하나 쓸데없이 허공을 떠돌아다니는 말이 있던?

봐라, 소리야. 예수님은 당신 말씀대로 밀알 하나가 되어 땅에 떨어져 죽으셨어. 혼자서 외로이 죽으셨지. 그런데 다시 살아날 때에는 혼자서만 살아나신 게 아니라 여럿으로(많은 열매로) 살아나셨어. 밀알 하나가 수십 배, 수백 배로 되살아난 거야! 그게 바로 예수님 부활의 신비란다. 조금 어려운 말로 하면, 개인으로 죽어서 무리로 살아난 거지. 예수님의 부활은 예수 한 분의 부활만이 아니라 그의 죽음과 함께 죽었던 많은 제자들의 부활이기도 했어.

복음서의 마지막 부분과 사도행전의 첫머리 부분을 보면, 예수님의 부활이 어떻게 여러 제자들의 부활과 하나로 이어지는지 잘 알 수 있지. 그들은 부활하신 예수님을 만나기 전에는 낙심하고 절망하여 '일터'를 버리고 숨을 곳을 찾아 혹은 갈릴리로 혹은 엠마오로 내려가는 중이었어. 그런데 예수님이 부활하면서 그들은 다시 희망과 용기를 품고 예루살렘으로 모여들었지. 바로 이것이 부활이란다.

예수님을 모른다고 세 번씩이나 잡아떼던 겁보 베드로가 대사제 앞에 서서 예수님의 부활을 증언하며, 우리가 사람의 말을 듣는 것이 옳으냐, 하나님 명령을 듣는 것이 옳으냐 당당하게 따졌는데, 바로 그것이 베드로의 부활 아니겠니? 결국 예수님의 부활은 절망과 낙심이라는 죽음에서 제자들을 살려낸 셈이고, 그것을 두고 학자들은 '예수 부활은 민중의 부활'이라고 말하는 거야. 세상이 두려워 골방에 숨어 있던 제자들이 다시 세상에 나와 새 역사를 만들기 시작한, 이것이 바로 예수님의 부활이란 말이다.

사도행전은 이렇게 해서 부활한 제자들이 어떻게 예수님의 일(지금까지의 낡은 세계와 전혀 다른 새 세계를 만드는 일)을 힘차게 펼쳐나갔는지, 그 생생한 역사를 기록한 책이란다.

하늘에 오르신 예수, 불꽃으로 내려온 말씀

부활하신 예수님은 그분을 알아볼 수 있는 '눈'을 지닌 사람들한테만 그 모습을 나타내셨어. 같은 사람도 그 '눈'을 뜨기 전에는 예수님을 보면서도 알아보지 못했지. 왜 그랬을까?

기림아, 막내인 너에게 이 글을 쓰는 것으로 이번 강의를 일단 마감해야겠구나. 제목은 거창하게 내걸었다만 내용이 과연 제목을 따라갔는지 모르겠고, 그나마 글을 함께 읽어본 이들이 저마다 청소년들이 읽기에는 "어렵다"고 하니, 일단 여기서 멈추었다가 나중에 기회가 있으면 다시 계속해보기로 해야겠다. 글쎄, 그 "어렵다"는 게 글의 내용을 두고 하는 말인지 아니면 표현을 두고 하는 말인지, 그것도 아니면 둘 다를 두고 하는 말인지 모르겠다만 아무튼 어려운 것은 쉬운 것만 못하니까 좀더 쉽게 '신학'을 할 수 있는 길을 찾아봐야겠구나. 그렇지만 어렵게 느껴지더라도 좀더 성실한 자세로 생각을 모으는 훈련은 끊임없이 해야 해. 사람 사는 게 꼭 '생각'대로 되는 건 아니고 또 꼭 그래야만 하는 것도 아니다만, 생각하는 머리도 하나님이 주신 귀한 선물이니까 녹슬지 않게 활용해야 하지 않겠니?

특히 요즘 우리나라 중고등학생의 경우, 너무 입시 위주로 토막 지식을 암기만 하는 교육을 받아서 '사고력(思考力)'이 크게 모자란다더구나. 걱정이 아닐 수 없다. 무엇을 배운다는 건 그 방면에 이런저런 지식을 많이 쌓아두는 것이 아니라(물론 그것도 필요하지만), 그 방면에 대하여 스스로 해결해나갈 능력을 기르는 것이거든. 특히 성경을 배운다는 건 성경에 대한 지식을 많이 쌓는 것과는 아주 다른 거야. 성경을 배우는 목적은 성경 박사가 되는 데 있지 않고 성경 말씀대로 사는 데 있어요. 이 점을 늘 기억해두기 바란다.

예수 부활의 '신비'

　　　　그동안 너희들과 함께 누가복음을 중심으로 예수님의 행적과 말씀을 대충 살펴보았는데, 지나놓고 보니 내가 무슨 말을 했는지도 모르겠구나. 너도 무슨 말을 들었는지 모르겠지? 사람들 하는 짓이 대개 그런 거야. 그러니 지금 머리에 남아 있는 게 아무것도 없다고 해서 너무 낙심하거나 미안해할 필요는 없어. 다만 그때그때 성경 이야기를 나누면서 뭔가 깨달은 게 있었다면 그걸로 된 거야. 밥은 날마다 먹고 또 다시 먹지 않니? 성경도 밥 먹듯이 먹어야 해. 읽고 맛을 보고 잊어버리고 다시 읽고 또 맛을 보고 잊어버리고, 다시 읽고…… 그러는 동안에 우리의 몸과 마음은 자라고 익어가는 거지.

　　자, 그럼 오늘은 지난번 소리 언니한테 쓴 글의 뒤를 이어, 예수님의 승천과 초대교회의 태어남에 대하여 생각해보기로 하자. 그런데 그 전에 한 가지 짚고 넘어갈 게 있어. 지난번에 아버지가 글에 쓰기를, 예수님의 부활은 혼자 죽어 여럿으로 살아난 것이라고 하면서 예수님 제자들이 두려움에 사로잡혀 골방에 숨어 있다가 성령을 받아 거리로 뛰쳐나온 것이 바로 '부활'이라고 했더니, 그럼 '죽은 뒤에 오는 부활'은 어떻게 되는 거냐고 묻는 사람이 있더구나. 내가 죽은 뒤의 부활을 부인한 것으로 잘못 알고 헷갈렸던 모양이야. 언제 내가 "죽은 뒤에 부활이 없다"고 했니? 그렇게 주장한다면 예수님의 부활까지 부인해야 하는데, 그럴 수는 없지. 다만 예수님의 부활은 그 사건 자체가 아무나 다 알아볼 수 있었던 '객관적 사실'이 아니었다는 점을 우리는 기억해야 해. 부활하신 그분은 모든 사람에게 다 나타나시지는 않았어. 그건 나타나도 알아보지 못할 사람들한테는 안 나타나신 거라고 할 수 있겠지. 생각해보렴. 세상 모든 사람이 부활하신 예수님을 알아볼 수 있었다면, 어째서 빌라도나 사제들한테 나타나셔서 "보아라, 너희가 나를 죽였지만 나는 이렇게 살아났다. 이래도 나를 믿지 못하겠느냐?" 하고 호령하시지 않았겠니? 그랬더라면 온 세상이 예수님께 굴복하고 한꺼번에 하늘나라가 이루어졌을 텐데.

그런데 그게 아니었거든! 부활하신 예수님은 그분을 알아볼 수 있는 '눈'을 지닌 사람들한테만 그 모습을 나타내셨어. 같은 사람도 그 '눈'을 뜨기 전에는 예수님을 보면서도 알아보지 못했지. 왜 그랬을까?

예수님의 부활 그 자체가 신비(神秘)였기 때문이야. '신비'란 하늘의 비밀이란 뜻인데, 그것을 볼 수 있는 눈이 없으면 보지 못하는 것이란다. 아무나 보는 건 '신비'가 아니야. 그렇기 때문에 예수님의 부활을 오늘 우리가 무슨 역사적 사건을 증명하듯이 그렇게 증명해 보일 수는 없는 일이지. 아버지는 그 신비로운 부활을 부인할 생각은 조금도 없단다. 그 좋은 것을 왜 "없다"고 하겠니? 다만 그 '부활'이 어떤 것이냐고 묻는다면, 소리 언니가 언젠가 말했듯이, "그건 그때 가봐야 알겠다"고 할 수밖에.

그리고 이건 분명히 말할 수 있는데, 무엇인고 하니, 육신을 지니고 사는 동안 '다시 태어남〔重生〕'을 경험한 사람에게는 '죽은 뒤의 부활'이, 무슨 새삼스런 것이 아니라 너무나도 마땅한 것이라는 사실이야! 왜냐하면 예수님이 말씀하신 영원한 삶〔永生〕이란 육신이 죽은 뒤에 누리는 게 아니라 새롭게 살고자 마음먹고 그 일을 시작한 바로 그 순간부터 누리는 것이거든. 지금까지는 돈만 알고 가난한 사람들을 거들떠보지도 않던 삭개오가 예수님을 만나 뵌 그날, 자기 재산의 반을 가난한 사람들에게 주고 억지로 걷은 세금이 있으면 네 배로 갚겠다고 했을 때 예수님은 "오늘 이 집이 구원을 얻었다"고 하셨지 않니? 여기서 말씀하신 '구원'이란 죽은 뒤의 부활까지 포함된 것이라고 봐야 해. 알겠니? 그러니까 언제나 중요한 것은 '바로 지금'이지, 죽은 뒤에 오게 될 '어느 날'이 아니란다.

'하늘'에 오르신 예수님

부활하신 예수님은 제자들이 보는 앞에서 어디로 가셨지? 그래, 하늘로 올라가셨어.(사도행전 1:10)

그런데 기림아, 너는 "하늘로 올라가셨다"는 말이 무슨 뜻인지 한번 생각해봤니? 구름을 타고 올라갔다니까 그냥 그런가보다 했어?

하늘은 어디에 있지? 머리 위에 있다고? 그래, 하늘이 우리의 머리 위에 있는 거야 누구나 다 아는 상식이지. 그런데 누구나 다 안다고 생각하고 그냥 넘어가는 것, 바로 그게 문제란다.

하늘이 우리 '위'에 있다고 할 때 그것이 단순히 공간의 위치를 말한다고 생각하는 게 바로 그거야. 지구는 둥글지. 그러니까 이쪽 지구에 서서 쳐다보게 되어 있는 '하늘'이 저쪽 지구에 선 사람한테는 머리 위가 아니라 그 반대쪽, 그러니까 발을 딛고 서 있는 땅 쪽에 있는 것 아니겠니? 그림으로 그려보자.

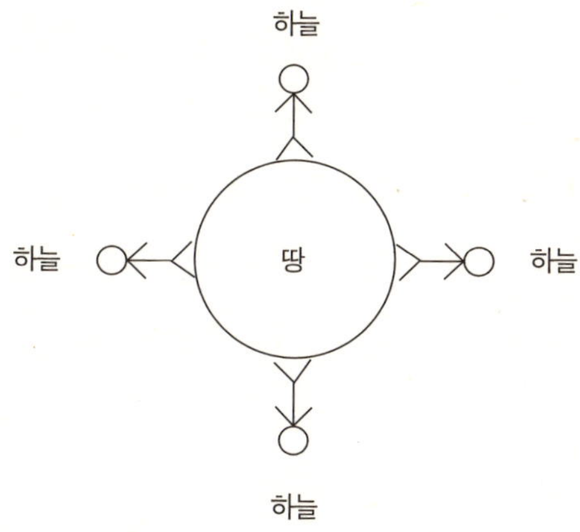

땅에 서 있는 사람한테 '하늘'은 머리 위에도 있고 오른편에도 있고, 왼편에도 있고, 앞에도 있고, 뒤에도 있고, 마침내 아래에도 있는 거야. 하늘에 땅에 묻혀 있으니까. 그렇지?

그렇다면 '하늘에 오르신 예수님'이란 말은 그분이 지금 어디에 계신

다는 뜻이겠니? 단순히 까마득한 저 꼭대기 어디에 계시다는 말은 아니겠고.

땅은 우리 손으로 만질 수도 있고 금을 그어서 나눌 수도 있고 눈에 보이기도 하지만, 하늘은 어떠니? 물론 하늘도 눈에 보이기는 하지만 땅처럼 무슨 형체를 갖추지는 않아서, 그냥 텅 비어 있는 것처럼 보이지. 비어 있다(空)고 해서 아무것도 없는 건 물론 아니란다. 하늘은 만져지지도 않고, 금을 그어서 나누어 가질 수도 없고, 따라서 어떤 사람이 혼자서 차지하거나 돈을 받고 팔 수도 없어. 그렇다고 해서 하늘이 '없는' 건 아니거든. 있지만 마치 없는 것처럼 있는 것, 하늘은 그런 것이야.

기림아, 삼국시대 하늘하고 조선시대 하늘하고 오늘의 하늘하고 다를까, 아니면 같을까? 미국 하늘하고 일본 하늘하고 다르겠니, 같겠니? 물어보나마나 하늘은 언제 어느 곳의 하늘이든 같은 하늘이야. 이런 걸 조금 어려운 말로 해서 '시공간(時空間)을 초월한다'고 해. 하늘은 때와 장소에 따라 제한되지 않는다는 말이야. 땅은 미국 땅하고 일본 땅이 서로 다르며 둘이 동시에 한곳에 있을 수 없지만 하늘은 언제 어디서나 한결같은 하늘이란다.

예수님이 부활하셔서 '하늘'로 오르셨다는 말은 그러니까 머리 위 저 꼭대기 어디로 올라가셨다는 뜻이 아니라 더는 때와 곳에 갇히지 않는 분으로 바뀌셨다는 뜻이라고 봐야 해. 그러니까 '하늘'에 오르심으로써 예수님은 사람들이 언제 어디서나 만나 뵐 수 있는 분으로 되신 거야. '하늘에 계신 예수님'은 모든 곳 모든 때에 계신 예수님이란 말이지. 따라서 부활·승천하시기 전의 예수님은 같은 시간에 여러 장소에서 만날 수 없는 분, 우리와 똑같이 시간과 공간에 갇혀 있는 분이었지만, 하늘에 오르신 예수님은 언제 어디에서나 모든 사람이 만날 수 있는 그런 분이시란다. 그래서 예수님은 제자들에게 최후로 "내가 세상 끝날까지 너희와 항상 함께 있으리라"(마태복음 28:20)고 약속하신 거야. 또 "두세 사람이 내 이름으로 모인 곳에는 나도 그들 중에 있느니라"(마태복음 18:20)고 하셨지. "그들 중에 있겠노라"가 아니라 "그들 중에 있느니라"고 하셨어. 이 말씀을 그냥 머릿속 생각에서 함께 있다는 뜻으로 이해하면 안 돼.

'하늘'은 막연한 생각 속에 있는 게 아니라 너무나도 분명한 우리의 현실이란다. 예수님은 공상 속에 계신 게 아니라 우리가 살아가는 이 세상의 앞, 뒤, 위, 아래, 옆, 속, 겉 모든 곳에 계신 거야. 나는 너희가 이 세상을 살아가면서 '하늘'에 계신 예수님과 만나게 되기를 바란다. 살아 계신 예수님을 몸소 만나는 것이야말로 모든 그리스도인의 특권이자 의무인 거야.

무신론자인 소련의 우주인이 처음으로 대기권을 뚫고 우주를 비행한 뒤에, "하늘 꼭대기까지 올라가 봤지만 천국은 보지 못했다"고 했다는데, 그런 눈 가지고는 하늘 꼭대기가 아니라 하늘 꼭대기의 꼭대기까지 올라가도 하늘나라를 볼 수는 없지. '하늘'은 머리 위 꼭대기에 있는 게 아니니까. '하늘'은 사람과 사람 사이, 사람과 나무 사이, 사람과 구름 사이, 그뿐 아니라 사람들 몸속에, 저 자연 속에, 온 세상 가득 찬 모든 것 속에 그리고 그 겉에 있단다.

'하늘'에 오르신 예수님을 보려고 머리 위 하늘만 쳐다보는 사람들에게 천사들이 나타나 이렇게 말했다는 것 아니니?

갈릴리 사람들아 어찌하여 서서 하늘을 쳐다보느냐 너희 가운데서 하늘로
올려지신 이 예수는 하늘로 가심을 본 그대로 오시리라(사도행전 1:11)

스승의 뒤를 따르는 사람들

　　　　　　예수님을 따르던 사람들은 부활하신 주님을 만
나 뵙고 그분이 마지막으로 하신 말씀을 따라 모두 예루살렘에 남아 있었
어. 예수님이 그들에게, "위로부터 능력으로 입혀질 때까지 이 성에 머물
라"(누가복음 24:49)고 말씀하셨거든.

그들은 전에 묵었던 방(마가의 다락방이라고 하지)에 모여서 마음을 모
아 주님이 약속하신 '능력'이 위로부터, 그러니까 하늘로부터 내리기를
간절히 기도했어. 그때까지는 아무도 감히 거리로 나가서 예수님의 부활
소식을 전할 용기가 없었지. 그렇게 기다리며 오직 기도에만 힘을 쓰는
데, 예수님 부활하신 날로부터 칠 칠이 사십구, 사십구 일째 되던 날, 그
러니까 그날이 유월절에서 오십 일째 되는 날이라고 해서 '오순절'이라고
부르는 날이었어. 바로 그날에 이상한 일이 일어났단다. 사도행전을 보면
그날에 일어난 이상한 일을 이렇게 기록해놓았지.

오순절 날이 이미 이르매 그들이 다같이 한 곳에 모였더니 홀연히 하늘로
부터 급하고 강한 바람 같은 소리가 있어 그들이 앉은 온 집에 가득하며
마치 불의 혀처럼 갈라지는 것들이 그들에게 보여 각 사람 위에 하나씩 임

하여 있더니 그들이 다 성령의 충만함을 받고 성령이 말하게 하심을 따라 다른 언어들로 말하기를 시작하니라(사도행전 2:1~4)

이 이상한 사건을 사람들은 '오순절 성령 체험'이란 말로 부르지. 바로 그날 있었던 그 일에서부터 전혀 새로운 역사가 들판의 불길처럼 일어났던 거란다.

예수님의 마지막 약속을 믿고, 그분이 부탁한 대로 예루살렘에 남아 기다리던 사람들이 '하늘'에서 내리는 '하나님의 기운'에 사로잡혔던 거야. 그 기운은 눈에 보이는 것들(땅에 속한 것들)한테서 나오는 힘이 아니라 보이지 않는 데(하늘)에서 나오는 힘이기 때문에 '거룩한 기운'이라고 해서 '성령(聖靈)'이라고 부르지. 영(靈)이란 말은 귀신이나 유령보다 기운이나 힘 또는 차라리 기(氣)에 가까운 말이야. 왜, 우리가 무슨 일을 할 때 저절로 막 힘이 나면, "기가 오른다"고 하지 않던? 한참 기가 오르면 보통 때에는 못하던 일도 쉽게 할 수가 있지.

그런데 기(氣)라고 해서 모두 좋은 건 아니란다. 남을 미워하는 데 쓰이는 기, 남을 해코지하는 데 쓰이는 기는 나쁜 기야. 반대로 남을 사랑하고 이롭게 하는 데 쓰이는 기는 좋은 기지.

그날 하늘에서 내려온 기는 어떤 기였겠니? 좋은 기였겠지. 아니 좋고 나쁘고를 떠나서, 좋다 나쁘다 하고 판단하는 것 자체가 언제나 자기를 중심으로 하는 것이니까 문제가 있거든, 그것은 땅의 어떤 기운도 막을 수 없는 하늘의 거룩한 기운이었단다.

그 기운이 어떤 모양으로 내려왔느냐에 또한 중요한 뜻이 숨어 있어.

예수님이 세례를 받으실 때에는 비둘기(평화를 상징하는 새) 모양으로 성령이 내렸는데, 이번에는 '불길처럼 갈라지는 혀'의 모양이었다는 거야.

왜 하필이면 불과 혀였겠니?

혀는 무엇을 가리킬까? 말〔言語〕이지! 그리고 그 혀가 불길처럼 갈라진다는 건, 말이 세상을 태우며 사방으로 퍼진다는 뜻 아니겠니?

그래, 그것이 기독교였어. 낡은 세상을 태우며 온 세상을 새롭게 만든 '말〔言語〕'의 운동! 기독교의 힘은 칼이나 돈이나 권력 따위에 있지 않고 말에 있단다.

말에는 놀라운 힘이 있어. 말 한마디로 사람이 죽고 살 수도 있고 또 무서운 전쟁이 터질 수도 있거든. 세계의 절반을 차지했다고 하는 저 공산주의도 카를 마르크스라고 하는 한 철학자가 서재에 앉아 몇 줄 원고를 쓰는 것에서 비롯되었던 거야. 물론 그의 말은 한 작은 불씨였고, 그 불에 타오를 장작더미는 이미 마련되어 있었지. 그러나 아무리 마른 장작이 산더미처럼 쌓여 있어도 불씨가 없다면 불은 나지 않는 법이야.

알고 보면 기독교라는, 세계에서 가장 교세가 큰 종교도 어느 날 한 목수의 아들이 들판에 나타나 "하늘나라가 다가왔다, 회개하라!" 하고 외친 한마디 말에서 비롯되었지. 말이란 그처럼 대단한 것이야.

그런데 사람 입에서 나오는 말이라고 해서 다 그렇게 대단한 불씨가 되는 건 아니란다. 아니고말고! 오히려 우리는 너무나도 많은 말의 쓰레기 때문에 숨이 막힐 지경이야. 쏟아져 나오는 신문, 잡지, 방송, 강연회를 그득그득 채운 말의 홍수로 머리만 아프지. 왜 그러냐 하면, 그 모든 말이 나오기도 전에 이미 시체로 된 '죽은 말'이기 때문이야.

죽은 말은 메아리도 없이 사라지고 말지만, 살아 있는 말은 끊임없이 메아리를 울리며 움직인단다. 그 안에 생명이 있기 때문이지.

말은 허공을 울리는 소리로만 남을 때 덧없이 사라지지만, 행위에 연결되면 그 행위가 계속되는 만큼 살아 있는 거야.

베드로를 비롯한 예수님 제자들은 하늘에서 내려온 '불타는 말'을 받자 숨어 있던 다락방에서 거리로 뛰쳐나가 담대하게 새 세상 새 나라를 증거하기 시작했어. 깜짝 놀란 사제들이 베드로와 요한을 체포하여 다시는 예수 이야기를 하지 말라고 공갈을 쳤지만, 베드로는 요한과 함께 "하나님 앞에서 너희의 말을 듣는 것이 하나님의 말씀을 듣는 것보다 옳은가 판단하라. 우리는 보고 들은 것을 말하지 아니할 수 없다" 하고 대답했지. 이렇게 시작된 '말의 운동'이 기독교라는 이름으로 불리면서 오늘 우리한테까지 와 닿은 것이란다. 따라서 중요한 것은 '기독교'라는 이름이 아니라 그것을 있게 한 '불길처럼 갈라지는 말씀'이야.

이제 바야흐로 '교회'에 대한 이야기를 할 차례가 되었구나. 그러자면 사도들의 행적과 바울의 사상 그리고 교회의 역사를 더듬어봐야 할 텐데, 아무래도 그건 다음 기회로 미루어야겠다.

막내야, 아무쪼록 너의 생애를 사로잡을 한마디 말씀이 불꽃처럼 하늘에서 너에게로 내리기를 바란다.

문명의 전환과 사람됨의 길

　　17세기의 유럽은 위대했다. 근대 철학의
비조(鼻祖), 데카르트의 '생각하는 자아'("나는 생각한다. 그러므로 나는 존
재한다")와 근대 과학의 아버지, 아이작 뉴턴의 '사과'에 의하여, 신(神)을
중심으로 돌아가던 인류의 사고는 물론 삶의 양태까지, 때마침 불어 닥친
코페르니쿠스의 태풍에 실려, 엄청난 대전환을 이루었던 것이다. 그 전까
지는 아리스토텔레스의 과학이 오랜 세월 풍상에 시달린 고목처럼 의연
하게 버티고 있었고 철학과 신학의 그늘에서 벗어나지 못한 채 신과 인간
또는 신과 자연의 관계를 열심히 탐구하고 있었다.

　　칸트와 데카르트를 고비로 신(神)·인간·자연의 삼각관계를 그림으로
그리면 다음과 같이 바뀌었다고 볼 수 있다.

　　칸트 이전에는 신이 맨 꼭대기에서 아래에 있는 인간과 자연을 다스리
고 보살핀다. 인간과 자연은 같은 피조물로서 서로 돕거나 해를 주고받는

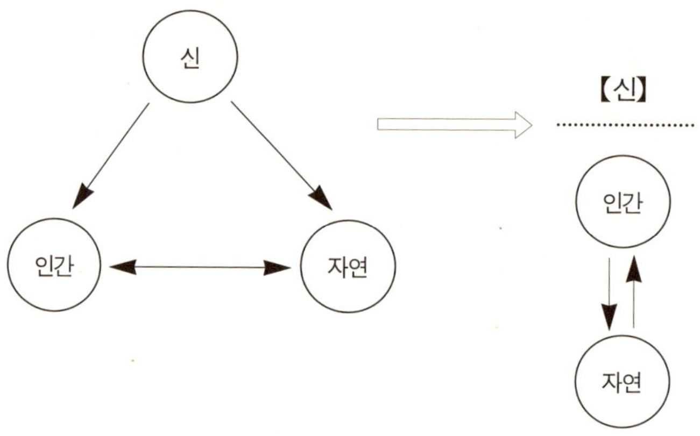

다. 그런데 칸트와 데카르트 이후에 신은 어느덧【 】속에 갇히고 인간이 자연 위에 군림한다. 지구는 이제 신이 아닌 인간을 중심으로 돌기 시작했고, 자연은 바야흐로 인간에게 유익을 주고자 존재하게 된다. 그동안 신이 차지하고 있던 중심자리를 인간이 차지하게 된 것이다. 프로메테우스 정도는 오히려 약과인, 참으로 대단한 반역이요, 쿠데타였다. 그리고 놀랍게도 그 모반은 성공했다. 헤겔은 신을 하나의 정신으로 바꾸었고, 니체는 아예 죽여버렸다. 그들의 맥을 이은 마르크스는 신의 이름으로 모여 아직도 웅성거리고 있던 '종교'를 인민의 아편으로 몰아쳤다. 마침내 신학자들까지 '신의 죽음의 신학'이라는 제목을 걸고 미래가 없는 최후의 신학에 매달리게 되었다.

그런데 이제 그쯤 했으면 정말로【 】속에 갇혀서 질식을 했거나 흔적도 없이 사라졌어야 할 신이 참으로 엉뚱한 데에서 슬그머니 그 모습을 나타내려 하고 있는 것이다. 신이 엉뚱한 데에서 슬그머니 머리를 내보이고 있다고 말한 까닭은, 바로 그를【 】속에 가둔 근대 과학의 아버지 뉴턴의 충실한 아들들(예컨대, 하이젠베르크, 아인슈타인 등 탁월한 물리학자들)이 이루어낸 놀라운 학문 성과가 신의 존재를 암시하는 말투로 인류에게 전달되고 있기 때문이다. 그런가 하면 이제 그들은 자기네가 발견한 전혀 새로운 '우주'를 설명하기 위해 동양의 신비주의 철학의 개념을 빌려다 쓰는 실정이다.

달도 차면 기운다더니, 과학의 발달은 신의 추방으로 시작하여 이윽고 그 정상에서 신의 재발견으로 기울어지는 걸까? '제2의 코페르니쿠스적 전환'이라고 할 문명의 대전환이 우리 목전에서 이루어지고 있는 것이다.

기계문명 __오늘의 선악과

뉴턴이 발견한 만유인력의 법칙은 물론 뉴턴 이전에도, 우주가 생겨나면서부터, 작용하고 있었다. 그것은 신비도 아니요, 모순도 아니었다. 그러나 뉴턴이 자신의 우주이기도 한 대뇌를 작용하여, 떨어지는 사과에서 보이지 않는 힘을 추리해내고 그것을 자신의 실험실에서 마침내 입증해낼 때까지 그 힘은 아직 신비의 베일에 감추어져 있었다. 알다시피 과학은 객관적 사실(reality)을 바탕으로 하지만, 생각의 시작은 과학자들의 두뇌로부터 비롯된다. 먼저 생각이 있고 그 생각을 실험실에서 입증해냄으로써 이전의 이론을 뒤집거나 보충하는 것이 과학사인 것이다.

뉴턴은 모든 사물이 끌어당기는 힘을 지니고 있을 것이라는 가설을 자신의 '실험실'에서 입증해냈다. 그리고 그것은 인과율로도 설명되었다.

모든 현상은 어떤 원인에 의한 결과임을 역시 자신의 '실험실'에서 입증해낸 것이다. 그 모든 원인의 원인을 '신(神)'이라는 이름으로 불렀다는 점에서 뉴턴은 아직 '뉴턴 시대'의 사람일 수 없다고 말할 수 있을는지 모르나, 그것은 마치 그리스도가 그리스도인이 아니었다고 말하는 것과 같다. 뉴턴의 발견은 인간을 중세기 암흑(신의 이름으로 지구를 덮었던 저 미몽의 먹구름)에서 해방시켰다는 점에서 너무나도 위대한 승리요 은총이었다. 비록 오늘날 첨단 물리학에 의하여 뉴턴의 패러다임이 무너져 내리고 있다 해도, 이 점을 간과해서는 안 된다. 뉴턴 당대에 영국인들이 자랑스레 했다는, "하나님이 뉴턴을 있으라 하시니 온 세상이 환해졌다"라는 한마디 말은 역사적 진실의 하나로 남을 것이다. 다만 그것이 '역사적인' 진실의 하나라는 점을 우리가 잊지 않는다면!

뉴턴의 '실험실'은 살아 있는 자연 그대로가 아니었다. 예컨대 강변에 있는 돌 하나라도 그의 실험실로 자리를 옮겼을 때, 우리 육안으로 보이지 않는 변화가 일어난다는 사실을 뉴턴은 볼 수 없었다. 그것은 그 무렵, 오늘날 물리학자들이 사용하고 있는 초정밀 전자현미경 따위가 존재하지 않았기 때문이다. 그는 자신의 실험실에서 일어나는 변화 또는 어떤 법칙이 자연계에서도 동일하게 일어난다고 생각했다. 바로 그것이 뉴턴 과학의 한계였다(그러나 그것은 3백 년의 세월이 지난 오늘에 와서야 비로소 발견된 '한계'다). 역설적이게도 바로 그 '한계' 때문에 뉴턴의 이론은 입증되었고 아직도 가시적(可視的) 현상계에서는 그대로 타당하다.

그런데 20세기로 접어들며 현대 물리학의 실험실은 우리의 가시적 세계를 이루고 있는 불가시적 세계[육안으로는 보이지 않는 아원자(亞原子) 세계]가 뉴턴의 이론을 부인하고 있음을 발견해냈던 것이다. 그것은 '뉴턴의 충실한 아들들'에게는 감당키 힘든 충격이었다. 그러나 이윽고 그들은 과학자들의 신(神)인 실험실의 '객관적 사실' 앞에서 진정한 의미의 절대 '객체'는 존재하지 않는다는 새로운 사실을 받아들이게 된다. 그리고 그 새로 발견된 진실(그것은 종교인의 신비체험과 비슷하다)을 일상용어(과학 전용어인 '수학 기호'가 아닌)로 옮기기에 고심한 결과 하이젠베르크는 '불확정성 원리'라는 말을 만들었고, 아인슈타인은 '상대성 원리'라는 말을 만들었다. 그것으로도 만족할 수 없었던 그들은 마침내 '색시공(色是空)', '태극(太極)', '무위(無爲)' 등 3,000년 전 동양의 직관(直觀)이 만들어낸 신비주의 개념들을 만나 그 동양의 언어들이 자기네가 실험실에서 발견한 새로운 사실을 정확하게 표현하고 있음에 감탄하고 있는 것이다.

그들이 발견한 '새로운 사실'에 의하여 관찰하는 대상과 관찰자가 분리될 수 있었고 모든 것이 원인에 의한 결과(원인이 없으면 결과가 없다)라는 뉴턴의 이론은 부정되고 만다. 그리하여 '관찰대상은 관찰주체에 의해 영향 받는다'는 지금까지의 전통적인 주객(主客) 체계가 무너지면서, 전혀 예측할 수 없는 확률 0퍼센트의 일이 무시(無時)로 발생되고 오히려 그것이 우주의 바탕을 이룬다는 설(說)이 나타나기 시작했다.

그러나 앞서 말했듯이 뉴턴과 데카르트는 위대했다. 그들의 혁명은 오랫동안 '신'의 이름으로 인간을 짓누르던 미망의 무지를 찢고 그 어둔 그늘에서 인간을 해방시켰다. 그와 함께 인류는 지금까지 '지혜의 학문'이던 과학을 인간을 위한 '응용의 학문'으로 전환하여 놀라운 기술문명을 창출해내기에 이른다. 과연 오늘의 눈부신 과학문명은 뉴턴과 그의 동지들에 의하여 수립된 '기계론적(mechanistic)' 사고방식이 아니면 처음부터 불가능했을 것이다. 기계론적 사고방식은 기계론적 세계관을 낳았는데 그 특색은 가능한 한 잘게 나눔(分離)에 있다("의심나면 나누어라. 더 의심나면 더 나누어라", 데카르트 『방법론』 서설). 인간과 자연이 나뉘고 자연에서도 유(類)와 유가 나뉘며 유에서도 종(種)과 종이 나뉜다. 드디어 원자의 세계까지 '나뉨'을 전제로 하여 사유가 진행되는 것이다. 기계론적 사고의 또 다른 특색은 모든 것에 인과율의 법칙을 적용하는 데 있다. 이는 자연과학뿐 아니라 사회과학에서도 마찬가지다. 지독한 독재가 있으면 반드시 인민의 혁명이 있게 마련이다. 그러므로 마르크스의 머릿속에서 (그가 과학적·기계론적 사고의 범주에 속해 있다고 보는 견해에 따르면) 자본주의는 반드시 부패하고 따라서 반드시 공산주의를 낳게 되는 것이다.

이와 같은 기계론적 사고방식이 오늘의 놀라운 기술문명을 낳은 것은 부인할 수 없는 사실이다. 기술문명은 인류에게 무엇을 가져다주었는가? 무엇보다도 '신(神)'의 이름으로 인간을 옥죄던 독재와 억압의 사슬에서 해방을 주었고, 힘든 노동에서 벗어나게 했으며, 지구촌을 이룸으로써 인류가 하나임을 경험하게 하였다. 좋다, 그것만으로도 기계론적 사고방식의 위대함은 인류의 자랑스러운 유산으로 칭찬받을 만하다.

그러나 선악과는 대가없이 따먹을 수 없는 법!

기계론적 사고방식을 바탕으로 한 기술문명은 우리에게 편이, 풍요, 안락을 주지만 인류는 그 '선악과'를 먹기 위해 지금 무엇을 대가로 지불하고 있는가? 첫 사람 아담은 생명을 내놓고 선악과(그것은 곧 '지혜'다. 노자가 그토록 미워하고 저주한 知!)를 따먹었는데 그것을 오늘의 아담도 에누리 없이 되풀이하고 있지 않은가? 다만 이번에는 '지(知)'라는 선악과가 아니라 인간의 육신을 병들게 하는 기계, 인간 사이의 관계를 무너뜨리는 온갖 정보와 풍요로움이라는 점이 좀 다를 뿐이다. 이제 인간은 천둥 벼락이라든가 고목 또는 하늘님 따위의 공포로부터 벗어난 대신 핵폭발, 산성비, 대기오염 등의 공포에 짓눌리게 되었다. 중세시대의 타락한 종교꾼들이 만든 '신'이라는 우상을 무너뜨렸으나, 한편으로는 편이, 신속, 정확(저 놀라운 미사일의 소름끼치는 정확성!), 안락이라는 새로운 우상을 섬기게 되었다. 결국 인간은 자신의 생명(인간됨, "human being은 곧 being human이다.", 아브라함 J. 헤셸)을 대가로 지불하고 선악과를 따먹는 창세기 3장의 범죄와 타락을 지금까지 계속하고 있는 것이다.

기계와 인간

역사는 재해석하여 그것이 현실에 작용하는 방향을 돌릴 수는 있지만, 돌이킬 수는 없다. 이미 기계와 더불어 살아갈 수밖에 없는 현대를 중세시대로 되돌릴 방도는 어디에도 없으며 또 그럴 필요도 없다. 이왕에 삼켜버린 선악과를 게워낼 수는 없기 때문이다. 창세기의 하나님도 아담에게 선악과를 게우라는 명령을 내리지 않고 그 죽게 된 형편에서 살아날 길을 마련해주고자 '여자의 아들'을 약속하신다.

이제 기계문명을 떠나 산 속에 들어가 살 수는 없다. 인간이 자동차를 버린다면 그것은 자동차보다 더 성능이 좋은 탈 것(기계)이 발명되었기 때문이지 자동차가 인간에게 끼치는 나쁜 작용(예컨대, 대기오염이나 소음 등) 때문은 아닐 것이다. 일단 인간의 가슴에 자리 잡은 기심(機心)이 결코 스스로 사라지지는 않을 테니까. 용두레의 편리함을 몰라서가 아니라 도(道)를 받아들일 수 없게 하는 기심을 피하고자 기계에 손을 대지 않는다는 『장자(莊子)』의 늙은이도 아직 기심이 들기 전이니까 그럴 수 있었던 것이다.

그렇다면 이제 우리는 어떻게 기계와 결별할 것인가가 아니라 어떻게 기계와 더불어 살되 어떻게 기계에 의하여 잃어가고 있는 '사람됨〔人間性〕'을 회복할 것인가, 다시 말하면 어떻게 기계문명 속에서 인간 구원을 이룰 것인가, 그 길을 모색해야 한다. 실낙원의 인간에게 구원을 가져다 줄 '여자의 아들'을 어떻게 만날 것인가? 그는 누구이며 어디 있는가?

인간은 자기 환경을 조성하면서 살아가는 지구상의 유일한 동물이라고 하지만, 그러나 그 능력에는 한계가 있다. 동시에 인간은 다른 모든 생명체와 마찬가지로 환경의 영향을 받지 않고는 살 수가 없다. 인간은 늘 함께 사는 '이웃'을 닮는다. 삼밭의 쑥이 곧게 자란다는 말이 그 말이다.

오랜 세월 기계와 더불어 살다 보면 인간은 기계를 닮게 마련이다.

요즘은 태어나면서부터 기계와 더불어 살게 되어있고, 한순간도 기계를 떠나서는 살아갈 수가 없다. 게다가 아직도 일반 사회(가시적 물상과 더불어 살아가는)에서는 기계론적 사유와 세계관이 통용되고 있다. 지금까지의 기계론적 세계관(mechanistic world view)을 대체하기 위하여 새롭게 등장한, 이른바 전일적(全一的) 세계관(holistic world view)이 모든 지구인에게 보편화되려면 아직 멀었다. 하물며 본질상 현상 유지를 고집할 수밖에 없는 정치, 경제, 문화, 종교 등의 지도층이 새로운 세계관을 가지고 새로운 문명을 창조하는 데 참여한다는 것은, 지금으로서는 거의 바랄 수 없는 일이다.

기계는 밖으로부터 편성된 체계(organized system)이다. 기계의 각 부품은 스스로 기능을 발휘할 수 없다. 각 부품이 완벽하게 편성되기 전에는 움직이지 않는다. 각 구성요소의 유동성이 허락되지 않는다. 한 치의 오차도 없이 각 부품을 결합했을 때 그것은 좋은 기계가 된다. 기계의 생명은 정확성, 신속성 그리고 효율성에 있다. 그것이 기계의 존재 이유요, 근거다. 이를 위하여 기계는 에너지의 낭비를 0으로 만들어야 한다. '쓸데없는' 부품의 존재를 허용하지 않는다.

밖으로부터 편성된 체계인 기계의 구성요소는 '종속자'다. 어느 부품도 자주적 선택을 할 수 없고 다만 외부에서 주어진 명령에 따를 뿐이다. 그리고 주어진 명령만큼만 복종한다. 기계의 각 부품에는 스스로 선택하여 움직일 수 있는 여유가 허용되지 않는다. 기계는 외부의 정보를 감지(感知)하여 스스로 움직이지 못한다(최첨단 사이버네틱스 공학과 놀라운 컴퓨터가 정보를 선택·처리하고 있지만, 그것도 이미 인간에 의하여 입력된 정보의 한계 안에서 이루어지는 '기계론적 복종'에 지나지 않는다).

기계와 가까이 살다 보니 기계 인간이 되고 마는데 그 '괴물'의 모습을 오늘날 우리 주변에서 얼마든지 찾아볼 수 있게 되었다. 상부에서 주어진 명령에 따라, 자신의 판단은 전혀 없이 맹종하는 '군인 정신'이야말로 기계 인간의 전형이다. 기계는 스스로 환경에 적응하는 능력이 없으므로, 규정되어 있는 환경에 변화가 올 때 즉시 가동을 중지하고 만다. 정밀·신속·효능을 자랑하는 최첨단 기계일수록 더하다. 휘발유를 넣어야 움직이도록 돼 있는 기계에 석유를 넣으면 즉각 운행 중지다. 10리를 갈 만큼 기름을 넣으면 10리를 간다. 더도 덜도 아닌 꼭 10리다. 기분이나 사정 따위가 기계의 성능에 영향을 미칠 수는 없다. 인간이 자꾸 그 모양이 돼 간다. 그리고 기막히게도 그런 인간이 칭송을 듣는다! 가장 기계와 닮은 인간이, 정확·신속·효능 만점인 인간이, 사회에서 '우등상'을 받는다.

그러나 인간은 기계가 아니라 생명이다. '생명이 무엇이냐?'는 아직도 완벽하게, 생물학적 관심에서조차 규명되지 않았지만, 기계를 '외부로부터 편성된 체계'로 보는 관점에서 말한다면 생명은 '스스로 편성하는 체계(self—organizing system)'라고 할 수 있을 것이다.

스스로 편성하는 체계의 구성 요소(부분)는 '종속자'가 아니라 '전체자(全體子)'다. 그것은 부분이며 동시에 전체다. 부분과 전체는 루프(고리)식으로 이어진 계층구조를 이루고 있어서 불가분리(不可分離)다. 그것이 분리되는 순간 부분과 전체는 함께 사라지고 만다. 세포는 하나하나 살아서 자기 선택을 하면서 동시에 전체를 포함한다. 말 그대로 '아버지(全)가 내 안에, 내(一)가 아버지 안에'다.

부분과 전체의 성질을 공유하는 존재를 홀론(holon, holus + - on)이라고 하는데 이 홀론의 모임이 질서와 조화(생명의 본질)를 스스로 만들어간다. 홀론은 자기가 자기를 돕고, 스스로가 원인이며 결과다. 그러나 모든 홀론은 다른 홀론과 연결되어 있다.

살아 있는 자연의 계층구조를 간략하게 그린다면 아마 옆의 그림처럼 될 것이다.

이때 하위 홀론은 상위 홀론의 부분(낱개)이며 상위 홀론은 하위 홀론의 전체다. 상하 계층은 상호 의존적이다. 하가 죽으면 상도 죽고 상이 죽으면 하도 (단기간에) 죽는다. 아프리카의 원주민이 급속도로 소멸해가는 원인을 인류학자들은 그들이 몸담고 살아가던 '사회'의 붕괴에서 찾는다. 그들의 삶을 지탱하던 문화적 환경이 파괴되자 '벌거벗은 인간'이 자연 앞에서 나약하게 무너지듯 그렇게 소멸해가는 것이다.

생명으로서의 인간은 외부의 변화를 흡수하여 적응한다. 기계의 질서가 딱딱한 질서임에 반하여 생명의 질서는 부드러운 질서다. 그러기에 일견(一見) 쓸모없어 보이는 부분이 있다.(모내기 하면서 장구는 왜 치는가?) 그러나 바로 그 '여유', '여백'이 생명을 생명으로 만드는 것이다.

기계의 논리[法]를 따라 살아가는 것이 칭송받는 모범으로 돼버린 이 시대에, 생명의 논리를 좇아서 산다는 것은, 그러므로 '반역'이요 '반동'이 아닐 수 없다. 우리는 이 '반역'에 가담함으로써 비로소 인간일 수 있는 것이다.

"너희는 세상을 본받지 말고 하나님의 선하신 뜻을 분별토록 하라!"(바울)

그런데 지금 우리의 기독교는 어느 쪽인가? 만일 하나님 자체이기도 한 '생명'을 외면한다면, 그리고 생명의 원리에 의한 삶을 추구하지 않는다면 그것은 기독교가 아니다. 오늘 우리가 몸담고 있는 기독교는 과연 기계론적 사고방식(천당·지

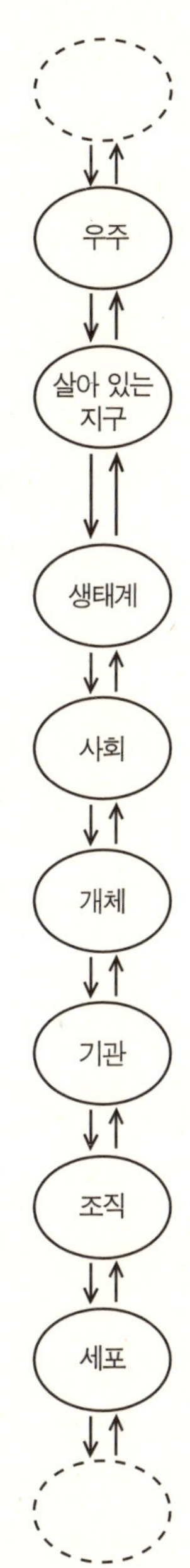

옥/선·악/나·너/천사·악마/빛·어둠을 나누는 저 선명한 분리의 칼!)에 바탕하였는가? 아니면 만물일화(萬物一華)의 전일적 사고방식에서 생명의 법을 좇아 존재하는가?

동양의 큰 바다(지상의 모든 물은 곧 바다임!), 그 대단한 지혜를 배워 "만유 위에 계시고 만유를 통일하시고 만유 가운데 계시는"(에베소서 4:6) 아버지 하나님을 체현하는 생명체로 전환하지 않는다면, 오늘날의 기독교는 지난 시절의 유물로 굳어져 결국 애굽의 피라미드처럼 호기심어린 후손들의 관광거리로 되고 말 것이다.